日本・破綻寸前

自分のお金はこうして守れ！

藤巻健史

GENTOSHA

はじめに

２０２０年2月21日に、この本の最終チェックをしつつマーケット動向を見ていたら、為替が今までとは違う動きをしていました。２日で２円以上の円安が進んだのです。それも欧米の取引時間帯に大きく進みました。しかも米国10年国債利回り（長期金利）が下落して、日本と米国の長期金利差が縮小しているにもかかわらず、です。

本来、日米の金利差縮小は強烈な円高要因なのに（＝投資家が運用益の低下からドルを売り、円を買うため）、逆の動きをしています。２０１９年の円ドル相場は８円程度しか動かず、「何があっても動かぬ円相場」と揶揄《やゆ》されていたのに、様変わりです。

そして、2月23日の週の１週間で、日経平均株価は２２４３円も下がりました。新型コロナウイルスの感染拡大がきっかけです。

つい最近まで、「円は避難通貨」という認識がありました。

「それは誤解だ。こんなに財政状態が悪く、世界断トツで低成長の国の通貨が、避難通貨のはずがない。避難通貨どころか、危険通貨だ」と、私は声を大にして主張していましたが、為替は私の主張のようには動きませんでした。

しかし新型コロナウイルスの流行による景気悪化で、世界が「ひょっとすると円は避難通貨ではないかもしれない」と認識を改める可能性があります。そうなると今まで「誤解で円高に振れていた分」が次第に剝落《はくらく》していき、円安がかなり進行するかもしれません。

為替だけでなく、日本企業のドル調達がなんとなく怪しくなってきた、難しくなってきたという情報も、マーケットの現場にいる元部下から聞いています。

だとすると、日本の財政を危険視はしていたものの、行動は起こしていなかった欧米勢が、日本売りを始める予兆と考えられなくもないのです。

円安が今後も継続するとなると、世界の投資家やディーラーは、日銀が円安を止めるために利上げをすると考えると思います。そして「日銀には利上げの手段がない（＝利上げをすると日銀が債務超過になる）」ことにハタと気づくのです。その気づきはさらに強烈な円安をまねくでしょう。円安が疾走状態のように加速すれば、一発でハイパーインフレです。ついに危機の先送り（＝異次元緩和）の限界が来るということです。

一方で、新型コロナウイルスの影響がさらに深刻化し、景気を下押しした場合、「金利を引き下げる」のが中央銀行の常套《じょうとう》手段です。現在米国の長期金利は1・47％、短期政策金利は年1・50～1・75％。金利の下げ余地はあまりなく、難しい舵取りが必要です。

一方、日本の場合、長期金利はマイナス0・05％、短期政策金利はマイナス0・1％で、下げ余地などほぼゼロです。異次元緩和も他国に比べて格段の規模で行われており、こちらの深掘りも難しい。新型コロナウイルスで景気がさらに悪化したとき、舵取りが難しいどころではなく、打つ手が全くないのです。だとすると、米国経済が悪化した場合、日本経済は即死です。円暴落、その結果のハイパーインフレのリスクは高いと思います。

前述のシナリオは、本書の執筆中には考えてもみなかったことです。

しかし、この数日間の動きを見ていると、Xデー（日本が大混乱に陥る日）を引き起こすシナリオの一つとして、充分認識しておかねばならないと思うようになりました。

つまり新型コロナウイルスの感染拡大で、日本経済が非常時モードに突入しているのに、政府も日銀も、財政・金融政策をすでに極限まで実行しているので、打つ手がないのです。これがどういうことで、どういう状況をまねくのか、本書で具体的にお話ししていきます。

2020年2月

藤巻健史

日本・破綻寸前 自分のお金はこうして守れ！ 目次

第2章 財政再建にはハイパーインフレしかない

第3章 日銀は紙幣を刷ることで、財政破綻を回避している

第4章 日銀は財政赤字の尻ぬぐい機関になり下がった

第5章 異次元緩和の弊害は極めて大きい

第6章 警戒警報装置を除去したため、累積赤字が膨れ上がった

第7章 政治が借金を解決しなければ、市場が解決する

第8章 日銀は資産の評価損で債務超過に陥る

第9章 日銀は実現損の垂れ流しで、債務超過になることも

第10章 日銀が債務超過になったら、円は大暴落

第11章 何を契機にXデーは訪れるか

第12章 消費者物価指数2％がXデーの引き金を引く

第13章 何がきっかけで円安ドル高が起きるのか

第14章　日本の財政悪化をミスリードしたトンデモ理論

第15章 Xデーに備え、資産をどう守るか

第16章 ハイパーインフレを鎮める方法はあるのか

第17章 政府はXデー後に何をすべきか

私はこうして資産を運用している

❶私はなぜ「オオカミおじさん」だったのか?

「20××年。ある週末の夜、首相官邸の記者会見場は熱気に満ちていた。緊急会見に臨んだ首相が震えた声で切り出した。（中略）だが、会見の最中から外国為替市場で円安ドル高が一気に加速。週明けの市場でも国債が投げ売りされ、長期金利は跳ね上がった。株価も過去最大の下落幅に。市場は『日本売り』一色となった。『お札が紙くずになる』『預金封鎖も近々ある』。うわさがネット上を飛び交い、現金を引き出そうと、銀行には長蛇の列ができた。貴金属店は、金塊や宝石を買い求める人でごった返した。輸入品などの物価が高騰。ガソリンは連日1リットル当たり10円以上値上がりし、野菜や肉、魚も2倍以上の値段に。スーパーには『クレジットカードや電子マネーでの支払いはお断りします』との張り紙。人々は現金をかき集め、日用品の買い占めに走った。原料を輸入に頼るメーカーは経営難に陥り、工場の操業停止と従業員の解雇が相次いだ。銀行は国債暴落で巨額の損失を抱えた。混乱は金融システムに飛び火し、誰にも制御できなくなっていた。いずれこんな『破局のシナリオ』が現実になるかもしれない（後略）」

「こんな『破局のシナリオ』が現実になるかもしれない」と書くと、またフジマキが大ボラを吹いている、と思われる読者の方も多いでしょう。しかし、何を隠そう、このシミュレーション記事は2010年3月7日の朝日新聞の1面に「悪夢『20××年日本破綻』（五郎丸健一記者）というタイトルで載ったものなのです。

あれから10年、この警告が現実になる気配はありません。それどころか、いまだにデフレを警戒する人のほうが多いのです。まさか「あおり記事」だったのでしょうか？

そうだとしたら、1997年から「財政破綻の危機」を警告していた私は世の中をあおりまくっていたことになります。第2条に「財政が危機的な状況にある」と書かれた財

政構造改革法（現在、停止中）を1997年に成立させた故橋本龍太郎元首相も同じです。

朝日新聞、橋本元首相、そして私の警告が外れていることはうれしいことです。朝日新聞が書くくらいですから、当時は国民の間に多少はあったであろう危機感も、いまや薄れてきたように思えます。「デフレなのにハイパーインフレなんかになるわけがない。顔を洗って、出直してこい」などと、私もよく非難されます。

しかし危機感がなくなったのは事態が改善したからか？　というと、そうではありません。国の実力ともいえる名目GDP（国内総生産）は97年当時に比べ多少は増えましたが、借金総額は当時の3倍にもなってしまいました。名目GDPが伸びなければ、税収はそんなには増えません。

実際、97年度に53・9兆円だった税収は、20年度政府予算では63・5兆円です。「税収があまり変わらないのに借金総額は3倍」ということは、今は97年当時より、返済が3倍も難しくなったということです。

事態が悪化したのに、危機感がなくなったのは、2013年から政府・日銀が「異次元緩和」という名のもと、実質的な財政ファイナンスを始めたからです。政府の借金を中央銀行が紙幣を刷ってファイナンスしたため、危機はいったん回避できたのかもしれません。

ですが、これは危機の先送りにすぎず、日本人得意の「飛ばし」なのです。

ハイパーインフレの経験から世界中で禁止されている政策を、まさか日銀が開始するなどとは、朝日新聞も、橋本元首相も、当時の私も思いもしなかったのです。金融論をかじった者ならば、悪夢を呼ぶ「禁じ手中の禁じ手」をまさか理性ある中央銀行が実施するとは想像だにしなかったはずです。

もっとも長男ケンタに「自分のときにXデーが到来して欲しくないから、常識的に『とんでもないこと』でも当事者は行ってしまうものだ。自分の時代にコトが起きるのを避けたかったら、『危機の先送り』をすることは、ままある。それを見抜けなかったんだからお父さんはディーラーとしては失格だ」と言われてしまいました。確かに言われてみるとそのとおりです。いまだディーラーだったら大損をして、即、クビだったでしょう。しかし、責任ある立場にいる人たちが、ここまで無責任なことをするとは思わなかったのです。

損失を先送りする限界が来て山一證券がつぶれたように、「飛ばし」はいつまでも続けられません。無理が生じます。いっとき破裂を免れたオデキはさらに大きくなり続け、限界を超えたときに起きる破裂はすさまじいものとなります。最近の政府・日銀の動きを見ていると、「飛ばし」にいくつものほころびがありましたし、破綻時の準備ととれる動きもあります。それらが、私が「Xデーが近い。シートベルトをしっかりとお締めください」と主張する理由なのです。

ちなみに「オオカミおじさん」は朝日新聞、橋本元首相、私以外にもまだいらっしゃいます。

2016年7月26日の日本経済新聞（日経）電子版で、当時の財政制度等審議会の会長代理の富田俊基・中央大学教授が「私は1997、98年の橋本龍太郎政権当時から、日本は高齢化が進み、財政を健全にしなければ国民生活が窮乏すると訴えてきた。だが、それが説得力を持ったかといえば、そうではなかった。それよりも耳当たりのいい話に国民は流れた。そういうことも踏まえて議論しないと、結論を出すのは容易ではない」とおっしゃっているのです。

❷危機に備えている私の資産ポートフォーリオ

私は2000年まで、世界の銀行の最高峰といわれたモルガン銀行（現、JPモルガ

ン・チェース銀行）で日本代表兼東京支店長を拝命していました。当時は、東京市場において唯一の日本人外銀支店長だったのです。リスクテイクの分野でニューヨーク本店ならびに支店全体での儲け頭だった実績を踏まえての昇進です。こういうことを言うと嫌われるかもしれませんが、その結果、それなりのモノをいただきました。

それを現在、どう運用しているかをお話しいたします。それを通じて、私が日本経済、世界経済をどう分析しているかをご理解いただければと思います。

私は銀行から長期固定金利で、目一杯の借金をしています。そしてそれを、海外を含めた不動産投資に充てています。また金融資産のほとんどはドルを中心とする外貨資産です。あまりにも外貨資産に偏りすぎて、昼飯代の円にも事欠くほどです（笑）。

（もっとも読者の皆様が、私と同程度に運用を偏らせることはお勧めしません。資産運用は、必ずしもうまくいくわけではありません。一時的にでも苦しいときはあります。私はリスクをとることを仕事としてきた人間ですから、負けているときにどう耐えるか、どのくらいやられるとどのくらい苦しいかを熟知していますが、経験のない方には負けが続くのは耐えられないと思います）

そして、さほど多いわけではないですが、仮想通貨（暗号資産）を保有しています。

コラム 自己責任でお願いします

この本では運用のいろいろなお勧め、アドバイスをしています。それゆえに前置きとして、申し上げておかねばならないことがあります。「フジマキの言うことには説得力がある。同じことをしよう」と思い行動した結果、仮に損をしても、それは自己責任だ、ということです。日本人には、とかく「損したらアイツのせい、儲かったら私の実力」と思い込んでいらっしゃる方が多いのですが、逆です。「損したら自分のせい。儲かったら私と幻冬舎のおかげ」です。

私がこの本で申し上げることが間違っていて、皆様がそのアドバイスどおりに運用し、損をされても、私は決して責任はとりませんし、とれません。でも、親身になって一緒に泣いて差し上げることはできます。なぜなら単なる評論家やエコノミストと違い、私自身がこの本に書いた分析にのっとり、お勧めしているとおりの資産運用をしているからです。それも私はリスクテイクを職業としてきた人間ですから、極めて大きなリスクをとっています。この本に書いてある「Xデーに対する保険」以上の資産の傾け方です。それゆえに、この本の分析が外れれば、一番大泣きをするのは私だと思っています。

もちろん、この本を読んでくださった方が「危機を乗り越えられてよかったね」と笑顔になれることを願っております。

❸私は資産運用をどのように決めたのか

私は、インフレに備えた運用をしています。インフレ、それもハイパーインフレになると思っているからです。ハイパーインフレになれば、スーパーでの買い物でも何百万円と払わなければならなくなるでしょう。

借金は、インフレになれば、なきに等しくなります。不動産の保有の理由も「インフレになれば地価は上がる」からです。坪10万円の土地は、いくら少子化が進み、需要が減るといっても、タクシー初乗り100万円のハイパーインフレ時代に、坪5万円にはなりません。少子化だから坪200億円ではなく坪180億円にしかならないよという話です。

日本がハイパーインフレになれば、円は暴落します。ハイパーインフレとは1万円札でモノが買えなくなること。1万円札の価値がなくなること。お金の価値がなくなること。日本においてお金とは円なのです。ドルでもユーロでもありません。円の価値が下がるということです、と考えればわかりやすいと思います。

仮想通貨は、今、せめて口座を開き、1000円でも1万円でもいいので数回、練習しておく必要があると思っています。これはXデー後に日本政府が考えると思われる資本規制（海外への資金逃避の封鎖）対策なのです。

私のポートフォーリオは、政府のポートフォーリオとそっくりです。政府は長期固定金利の借金である国債を滅茶苦茶に発行しています。日本最大の借金王です。そして道路・橋をはじめとして大量の不動産を保有しているのです。また、1兆3000億ドル（約140兆円）もの外貨準備を持っているのです。

私のポートフォーリオは、それとそっくりです。政府と国民がガチンコ勝負をすると、最終的に勝つのは必ず政府、泣きを見るのは国民です。ですから私はポートフォーリオを国そっくりのものにしているのです。国のポートフォーリオは「ハイパーインフレになると大助かり！」という内容です。

だからこそ自分と家族を守るために、私は政府と同じように「ハイパーインフレでダメージが少ない」ポートフォーリオを構築しているのです。

❹現在デフレなのに、ハイパーインフレになると思っている理由

それは、借金がここまで膨らんでしまったからです。昔、私が国の借金を家庭にたとえ、「年収に対して借金が多すぎる。このままいくと財政破綻をしてしまう」と話すと、「家庭と国の借金では意味が違う」との反発を受けたものです。

単に感情論で反論している方も多かったと思いますが、論理的な反論としては「国には徴税権があるからだ」というものがありました。

これらの反論は「増税するにしても、借金はいずれは返さねばならない」という認識に基づくもので、それは私の認識と同じです。国の借金である国債は将来の税収の前借りで、ただでお金を調達しているわけではありません。前借りである以上、税金を集めて返さねばならないのです。

彼らと私の相違は「ここまで借金が増えても、尋常な増税という方法で返済できる」(=彼ら)と考えるか、「尋常な方法では無理だから、ハイパーインフレ(=大増税の一

種）で借金を返済する」（＝私）と考えるかの違いにすぎません。すなわち、私が「ハイパーインフレになる」と言っているのは、「大借金は、ハイパーインフレという大増税で返済する」という意味なのです。

❺尋常な方法で日本の借金を返せるのか

２０１９年12月末現在で国の借金は１１１１兆円ですが、この返済は大変です。10兆円ずつ返して１１１年かかります。２０２０年度は予算段階で税収＋税外収入が71兆円ですから、歳出を（10兆円浮かすために）61兆円に抑えても、返済に１１１年もかかるのです。ちなみに税外収入とは日銀からの納付金、日本中央競馬会からの納付金、外国為替資金特別会計受入金等のことです。

61兆円に抑えるべき歳出を２０２０年度予算では１０２兆円も使ってしまうのですから、２００年かかっても３００年かかっても返せるわけがありません。

しかも借金総額がここまで莫大になると、もう一つ大きな問題が起こります。金利です。借金が１１１１兆円にもなると１％の金利上昇で11兆円、２％で22兆円、５％上昇で55兆円支払いが増えます。税収＋税外収入が71兆円しかないのに、金利が５％上昇して支払いが55兆円も増えたら、金利支払い以外の歳出はできません。

ただこれは正直、少し脅かしすぎです。国の借金は大半が固定金利の国債ですから、0・1%のクーポンで発行した10年国債は、いくら長短金利が上昇しようとも、満期までは0・1%の金利で済みます。ですから日銀が金利を1%上げたとしても、すぐに11兆円増えるわけではありません。しかし満期が来れば新しいクーポンに替わり、支払金利は急増していきます。

これだけ元本が大きいのですから、その急増ぶりがすさまじいことはご理解いただけると思います。

「5%も金利が上昇したら、税収+税外収入の大部分が支払金利に消えてしまうとフジマキは言うが、金利が5%も上がるのは景気がよいときだ。それなら税収の上振れで、支払金利増などカバーできる。自民党のよく言う上げ潮政策だ。安倍首相も『景気回復なくして財政再建なし』とよく言うではないか?」と反論される方もいらっしゃるでしょう。

しかし2020年度政府予算案での税収予想は63・5兆円と史上最高額です。2019年度の税収がそれに次ぐのかもしれませんが、それまでの史上最高の税収はバブル末期の1990年の60・1兆円です。あの狂乱経済といわれるほど好景気のときの税収が60・1

兆円にすぎないのです。当時の消費税率は３％でした。

消費税８％のときの消費税収は、約17兆円でした。ですから消費税収は１％あたり約２・１兆円（17兆円÷８％）です。

１９９０年の消費税が３％でなく10％だとしても、２・１兆円×（10％－３％）で約15兆円の増収にすぎません。消費税が10％だったとしても、あの狂乱経済のときでさえ、税収＋税外収入が80兆円にしかならないのです。

いくら景気がよくなっても３００兆円、４００兆円の税収＋税外収入になるわけではありません。ここまで借金が巨額になると、急増する支払金利の額に比べれば税収増は微々たるものなのです。

「今、金利はゼロ％ではないか？　金利が５％も上昇するなんて考えられない」と反論される方がいるかもしれません。しかし私がディーラーになった１９８０年の金利は12・75％（有担コールレート翌日物）でした。確かに異常だったかもしれませんが、現在のマイナス０・０６％も異常です。

長期国債の先物市場は、６％クーポン10年債を架空の国債として取引します。クーポンを６％としているのは、創設された１９８５年の10年金利の平均が６％だったからです。

そのように考えると、金利が5％上昇するという仮定は決して想定外のものではありません。金利が上昇したとき、日本の財政がどうなるか考えると、ぞっとします。

以上のように認識していただいたうえで、1111兆円も溜まってしまった借金を尋常な方法で返済できるか考えてみましょう。

2020年度予算での法人税収、所得税収、相続税収予想はそれぞれ12兆円、19・5兆円、2・3兆円にすぎません。昔の何とか党なら「大企業からふんだくれ」と主張するかもしれません。しかし実効税率30％の法人税率を2倍にしても（そんなことをすると、皆、海外に逃げてしまうと思いますが）、超ラフな計算で12兆円の税収が24兆円になるだけ。12兆円の増収にすぎません。それでは所得税率を2倍にする。10％払っている人は20％、30％払っている人は60％、現在1800万円以上の所得がある人には地方税と合わせて50％か55％の税率がかかりますから、1800万円以上の所得がある人の場合、孫さんだろうが、三木谷さんだろうが、柳井さんだろうが、すべて税金で没収、としても19・5兆円が超ラフな計算で39兆円になるだけです。19・5兆円の増収にすぎません。最高税率55％の相続税を2倍にしたとしても2・3兆円の増収にすぎないのです。

相続税の無税化、軽減化は世界の潮流（なぜ他国はそうしているかを考えるべきです）

なのに、唯一重税化をしている国でさらなる重税化をしても、この程度の増収にすぎないのです。

法人税、所得税、相続税をすべて2倍にしても、2020年度政府予算案の赤字32兆円と、111年間、毎年返すべき10兆円の財源には足りないのです。111年の間、金利が上昇しないという前提でもです。

それでは消費増税はどうでしょうか？　先ほど見たように、消費税1％あたり2・1兆円の増収ですから、42兆円÷2・1兆円で20％上げ、すなわち明日から30％に消費税率を上げれば、111年で借金を完済できます。

しかしその前提は、111年間金利がゼロ％近くに留まっていればということです。金利が1％上がるごとに1111兆円×1％÷2・1兆円＝5・3％で、金利支払い増のために5％ずつ消費税を上げなくてはなりません。金利が5％上がれば、消費税率は30％＋25％で55％です。以上は、極めてラフな計算ですが、お伝えしたかったことは尋常な増税法では財政は再建できないという点です。さらに、社会保障費がこれ以上増えないという前提も加わります。

以上述べてきたような大増税を、この国の政治家が実行できるとは思えません。かといって財政破綻も選択しないのだとしたら、考えられる増税法は一つしかないのです。インフレ税、それも大増税であるハイパーインフレ税です。

ハイパーインフレになると、人は「市場の暴力」と言うと思います。しかしそれは政治が解決できなかったから、市場が暴力的に解決するわけで、「政策ミス」という〝人災〟だと私は思います。

ちなみに、よく消費税は逆進性が高いと言いますが、インフレほど逆進性の高い税金はありません。逆進性の観点からすると、最悪の税制です。

コラム　1980年の高金利は異常だが現在の超低金利も異常

本文の中で「1980年の高金利は異常だが、現在の超低金利も異常だ」と書きました。

元経済産業大臣、前自民党税制調査会長の宮沢洋一君とは高校ではクラスが違いましたが、小学校・中学校の9年間は同じクラスでした。私の参議院議員時代、ともに財政金融委員会に所属していました。おおよそ25名で構成される委員会です。茗荷谷にあった小学校のクラス会が永田町に移ったような感じでした。

小学校時代は私が級長で、宮沢君が副級長でしたが、最近、副級長は、なかなか級長の言うことを聞いてくれません（特に税制など）（笑）。

その宮沢君が政界入りする前の大蔵省（現、財務省）理財局の課長補佐時代（国債発行担当／確か平成元年だったと思います）、私は親戚数人と住宅・都市整備公団（現、UR都市機構）から金を借り、マンションを建築しました。その直後、宮沢君に会って、その話をしたら、「フジマキはいいときに金借りたな～、今の金利は我々の一生の中で一番低い金利になると思うよ。こんな低金利なんて信じられないよ」と言うのです。私も「俺もそう思う。だからチャンス！　とばかりに借りたんだよ」と答えました。宮沢君は当時、国債発行の責任者。私も当時JGB（日本国債）のディーリングではビッグネーム。プロ中のプロ2人が「一生のうちで一番低いだろう」と語り合ったときの10年金利が4％強。今やゼロ金利周辺なのです。私が「1980年の高金利は異常だが、現在の超低金利も異常だ」という理由の一つです。

第2章 財政再建にはハイパーインフレしかない

❶米国で流行ったMMTトンデモ理論

少し前、米国では「自国通貨建てで借金をしている限り、インフレが加速しなければ、借金を増やしても大丈夫」という経済政策が話題になりました。MMT（現代貨幣理論）といいます。米国人のステファニー・ケルトン教授が提唱し、バーニー・サンダース上院議員や民主党左派の人たちが、経済政策のバックボーンとして据えています。若者を中心に人気が高まっていますが、大きな政府を標榜《ひょうぼう》する人たち（＝財政出動を唱える人たち）にとって「渡りに船」の理論なのです。なにせ、この理論によれば、「財源の心配をしないで、何でもできてしまう」からです。

しかし人気が高まっているからといっても、奇策は奇策であり、異端は異端です。この理論は「未来（M）は、もっと（M）大変（T）理論」と揶揄される（福本元毎日新聞論説委員）くらいで、私に言わせれば「トンデモ理論」なのです。「未来はもっと大変」とは将来、財政破綻かハイパーインフレが起こるということです。

私などＭＭＴ理論は「ブードゥー経済学」とさえ思っています。ブードゥー教は生《い》け贄《にえ》の儀式など、呪術的な性格から怪しげなものの代名詞です。

「借金で国の歳出を賄って何ら問題がない」のなら、「無税国家」が成立してしまいます。「歳出は借金で賄えば済む」のなら消費税も所得税も法人税も徴収する必要がありません。そんなはずはないのです。将来、ハイパーインフレという大増税が、累積赤字を埋めることになるのです。

もし借金をして、景気がよくなり、何も問題がないなら、世界の最貧国ハイチも経済成長間違いなし、です。どんどん借金して中央銀行が紙幣を刷りまくれば、ハイチは米国を抜く世界ナンバーワンの国になってしまいます。

コラム　日銀はＭＭＴ理論を実践しているのか否か？

２０１９年５月14日の参議院財政金融委員会における、ＭＭＴに関する黒田東彦《はるひこ》日銀総裁との質疑の概要は次のとおりです。

黒田総裁や麻生太郎財務大臣は「ＭＭＴみたいなことをすると、ハイパーインフレになるからダメだ」と否定していらっしゃいます。米国の大部分の経済学者も同じ考えですし、私も百パーセント同意です。

しかし「今、日銀がやっていることはＭＭＴそのものではないか？　そうだとすると日本にハイパーインフレのリスクはないのか？」と聞いたら、黒田総裁はこう答弁されたのです（２０１９年５月９日の参議院財政金融委員会）。

「①政府が財政再建を行っているから、日本が今やっていることはＭＭＴではない、②日銀が今やっていることは財政ファイナンスではないから、日本が今やっていることはＭＭＴではない」

そこで、追加で「努力目標さえ設定すれば、それはＭＭＴでないと言えるのか？　努力目標は単なる努力目標にすぎず実態は財政が悪化している」「今、日銀がやっていることは法的には財政ファイナンスではないかもしれないが、平成29年度で１４１兆円発行されている国債を、日銀が96兆円も買っている。それなら実質的には百二十パーセント財政ファイナンスではないか？　それでもＭＭＴではないと言いはるのか？」と質問いたしました。
黒田総裁のご答弁は「デフレ脱却のためにやっているのだから、財政ファイナンスではない」という、何が何だかわからないものでした。

「放火だろうが失火だろうが、火事は火事。火事か否かは目的で判断するのではなく、『家が燃えている』という事実で決まる」と反論しておきました。

黒田総裁の答弁は滅茶苦茶だったと思います。参議院の中継をテレビで見た方から「黒田総裁はボクシングでいうと、まさにタオル投入寸前！」というメールをいただきました。

また2019年12月26日のブルームバーグの記事によると、黒田総裁は12月26日、都内で開かれた経団連の会合で講演し「金融政策と財政政策の連携は『ポリシーミックス』と呼ばれ、マクロ経済政策として標準的な考え方だ」「最近の議論の中には、ポリシーミックスを中央銀行による財政ファイナンスと混同しているものもみられる」と述べられたそうです。

またまたゴマカシか、と思いました。「健全な財政の下での財政出動と金利引き下げ」を「ポリシーミックス」と言い、「財政破綻状況での財政出動と異次元緩和（＝日銀の国債爆買い）」は「財政ファイナンス」と言うのです。今、日銀がやっていることは、まさに財政ファイナンスです。

❷ MMT理論は日本で実験されている

ＭＭＴ理論などブードゥー経済学だと思っているのは、私だけではありません。米国では主流派経済学者やＦＲＢ（連邦準備制度理事会）などの政策当局は、ことごとく反対しています。アラン・グリーンスパン（元ＦＲＢ議長）、ローレンス・サマーズ（元米財務長官）、ケネス・ロゴフ（ハーバード大学教授）、オリヴィエ・ブランシャール（元ＩＭＦチーフエコノミスト）、フランソワ・ビルロワドガロー（フランス中央銀行総裁）、クリスティーヌ・ラガルド（欧州中央銀行総裁／前ＩＭＦ専務理事）など、錚々《そうそう》たる重鎮たちが「将来、制御しがたいインフレになる」と反対しているのです。

サマーズ元米財務長官も米紙への寄稿で、「同理論は誤り」と指摘したうえで、債務が一定の水準を超えれば超インフレにつながると警告したそうです（2019年3月15日の日経夕刊「ウォール街ラウンドアップ」）。

２０１９年3月13日にシカゴ大学が公表した調査結果では、「米経済学者40人のうちＭＭＴ賛同者は一人もいなかった」そうなのです。

２０２０年1月16日、私は一橋大学ＯＢの有志の勉強会「新三木会」主催の、白川方明《まさあき》前日銀総裁の講演会を聞きに行きました。「ＭＭＴに関してどう思うか？」との質問に対して、「こういう結論が出てくるのは仕方がないにしても、このような議論が世間である程度の支持を集めてしまうことに危機感を持つ」と回答されました。全く同意です。ＭＭＴは、金融の専門家からすればトンデモ理論なのです。医者がブードゥー教による病気治療法が蔓延《まんえん》するのを危惧するのと同じです。

麻生大臣や黒田日銀総裁も、国会での私の質問に対し「日本をＭＭＴの実験場にしてはならない」と断言されています。

ところが提唱者のケルトン教授自身が「ＭＭＴは日本で実験中」と言っているのです。「サマーズ元米財務長官や多くの欧米経済学者らの警告が正しかった」と、近い将来、日本で証明されることになると私は思っています。

２０１９年12月15日の日経新聞「風見鶏」のタイトルは「『山本太郎人気』自民も警戒」ですが、その中で山本氏の主張は現代貨幣理論（ＭＭＴ）に基づくと解説しています。

そして「常識的には財政破綻はしないが、ハイパーインフレに陥る」と解説しています。そのとおりなのです。そして先ほど述べたように提唱者のケルトン教授自身が「日本で実験中」と言っているのです。常識が通用すると考えるか、非常識が通用するのか？　の問題です。

❸米国の経済学者とフジマキとの違い

対GDP比で借金額が大きければ大きいほど、財政状況は悪いといえます。米国の政府債務は、対名目GDP比で106・7％にすぎません。しかしその段階で、主流派経済学者や当局者がこぞって「このままいくと超インフレになるぞ」と声を上げ、警告しています。MMTへの反対や財政規律への懸念を表明する米国の経済学者や、それに注目するマスコミや識者は健全だと思います。

一方の日本は、債務残高の対GDP比が237％と、米国よりははるかに悪いのに、私が「このままいくとハイパーインフレになるぞ」と警告すると、「フジマキは過激論者だ、世の中をあおっている」との非難を受けるのです。

しかし一橋大学経済研究所の前所長、そして総務省統計委員長代理の北村行伸教授が2

017年10月号「如水会会報」（別冊）に載っている「貨幣の歴史」の中で、「政府が財政規律を導入しないと、この金融政策はうまく機能しないと思います。徳政令か、ハイパーインフレでゼロ価値にしてしまうといったドラスティックな対応が必要になってくるかもしれません。債務のリネゴシエーションが日本でも起こりえるかもしれません。日本の場合、国債の保有者は国内の預金者なので可能かもしれませんが、徳政令やハイパーインフレーションの下では国民は資産を一気に失ってしまうことになります。そこから、この高齢化社会で立ち直れるのか。それぐらい厳しい条件だと政治家が認識して、責任を持って財政規律を導入しないと、状況はなかなか改善しないと思います」と述べていらっしゃるのです。私は自分を過激論者などとは思っていません。

日本の実態が過激な状況になってしまっているので、その状態をしゃべると、過激に聞こえるのだと思います。

❹日本の異常な現状をどう考えるか

ここで過激な日本の状況にもう少し触れておきます。日本は今あらゆる点で先進国中ワーストです。それも断トツでです。

まず対ＧＤＰ（国内総生産）で見た財政赤字の比率は、２０１８年末で２３７％。財政破綻が喧伝《けんでん》されているギリシャの１８４％やイタリアの１３２％より悪く、世界で最悪。税収は名目ＧＤＰが大きければ大きいほど、増えます。したがって対ＧＤＰの累積赤字比率とは「税収で借金を返すのが、どのくらい難しいのか」の指標です。

対ＧＤＰ比の中央銀行の負債を見ても、日銀は先進国の中で突出しています。ＥＣＢ（欧州中央銀行）やＦＲＢ、ＢＯＥ（英国中央銀行）の20～30％台に対し、日銀はすでに１００％を超えています。

私が金融マンだった１９９０年代は20％以下だったのですから、様変わりしたものです。

日銀は経済規模に見合わないほど負債を膨らませ、お金を市場にばらまいているのです。

さらに日銀は、長期国債や株、不動産などの市場における占有率も先進国中断トツなのです。ここまで市場を席巻《せっけん》し、長期国債市場でのように「モンスター的存在」になれば、価格はほぼ思ったとおりにコントロールでき

ます。日銀のように市場原理が働かず、損得判断以外で行動する組織が市場を牛耳《ぎゅうじ》るのは、資本主義経済とは呼びません。計画経済です。

そして、さらなるワーストといえば、経済成長率。10年間、20年間、30年間、40年間、どのスパンで見ても、ビリ成長なのです。

私が、現状が異常だと申し上げる理由がおわかりでしょうか。

こんな状況になったのは、枝葉の問題ではありません。何かシステム的、根本的な間違いがあるはずです。それを修正することが喫緊の課題です。

このトレンドを変えなければ、近い将来、日本は世界の三流国、いや四流国になってしまいます。これから大改革をしなくてはならないときに、危機の先送りばかりを必死に行っているのが日本の現状なのです。

❺ハイパーインフレは大増税と同じ

経済学では、インフレのことをインフレ税と呼びます。国民から国への富の移行という意味で、税金とインフレとは同義なのです。

インフレとは債権者から債務者への富の移行。債権者とはお金を貸している人。債務者とはお金を借りている人です。おわかりにならなければ皆様が個人タクシーの運転手さんだと仮定してみてください。

今、三菱ＵＦＪ銀行から１０００万円借りたら、元利返済は大変かと思います。しかしハイパーインフレになって、タクシー初乗りが１００万円になったら、借金の返済は極めて容易になります。１日10人のお客さんを乗せ、最短距離さえ走れば、１日の収入は１０００万円です。個人タクシーの運転手さんは、１日で借金を三菱ＵＦＪ銀行に返せるのです。

一方、汗水たらして10年間で三菱ＵＦＪ銀行に１０００万円の預金を積み上げた人は、タクシーに10回乗ると預金がパーになってしまいます。すなわちインフレになると、債権者（お金を貸している人）は泣きを見て、債務者（お金を借りている人）はラッキー！と喜ぶのです。この国で債権者といえば国民の皆さん。そして日本一の債務者、すなわち借金王は国なのです。その意味でインフレとは、国民から国への富の実質的移行で、税金と同じなのです。

1111兆円の国の借金も、タクシー初乗り1兆円時代には、実質ゴミ。無きに等しくなります。初乗り1兆円時代の消費税は1000億円ですから、1111兆円などすぐ集まります。ハイパーインフレは究極の財政再建策なのです。今、政府は、財政出動と言って大盤振る舞いをしています。

参議院議員時代、「この財政危機の折、よくもこんな不要不急の政策に予算をつけ、金をばらまくな」と暗澹《あんたん》たる気持ちになりました。政府は「今は、金をドンドン配って国民の歓心を買っておいて、将来ハイパーインフレで回収しようと思っているのではないか」と思ったものです。「もっとも、こんなばらまきをしているとハイパーインフレになる」と憂えている議員は少ないようですから、その思いは、まさにうがった見方だったのでしょう(皮肉)。

一方、国民生活は悲惨です。給料や年金は毎月上昇するかもしれませんが、パンの値段は毎時間上がります。給料支給日、年金支給日以降2~3日はパンを買うお金があっても、3日後にはなくなってしまいます。餓死の危機さえ生じます。

❻タクシー初乗り1兆円は大げさか

1923年、ドイツでは1月に1個250マルクだったパンが、その年の12月には3990億マルクになったそうです。コーヒーを飲もうと喫茶店に入ったら、メニューには1杯4000マルクとあったのに、店を出るときには6000マルクに値上がりしていたという笑い話のような話もあります。

このパンの値段の推移をタクシー料金に換算すると、1月に700円だった初乗り（少し前の東京ではそうでした）が、12月には1兆1000億円になったことになります。

先ほど私が「タクシー初乗り1兆円時代には」と書いたのを読んで、「フジマキはまた大げさな」と思った方がいらっしゃるかもしれませんが、歴史上、このような例が存在するのです。

ちなみにこのハイパーインフレは、当時のドイツの中央銀行（ドイツ帝国銀行・ライヒスバンク）が異次元緩和を行った結果、起きています。ライヒスバンクは、これで異次元緩和に懲りたかと思いきや、第2次世界大戦で、軍事費調達をしたいヒットラーからの圧力に負けて、再度、異次元緩和を行ってしまいました。その結果、終戦後ハイパーインフレの後始末のためにつぶされたのです。もちろん中央銀行は社会になくてはならないインフラですから、ドイツ連邦諸州銀行を経て、ブンデスバンク（ドイツ連邦銀行）という新しい中央銀行が創設されました。

ライヒスバンクが廃されたことにより、ばらまきすぎた旧紙幣のライヒス・マルクも無効になり、ユーロが導入されるまでは、ブンデス・マルクすなわちドイツ・マルクが流通したのです。ドイツ政府は貨幣価値が復活した通貨（ドイツ・マルク）を新しく発行することで、ハイパーインフレを鎮静化させたのです。ひどい目にあったのは、最後までライヒス・マルクを保有していた庶民です。ハイパーインフレが起こるかもしれない日本人は、この事例をしかと頭に入れておくべきだと思います。

2019年2月18日のロイター記事で、財政学の権威・土居丈朗慶應義塾大学教授が、「慶應の人間としてはあまり言いたくないが、福沢諭吉先生の肖像の1万円札が紙切れになるかもしれない」とおっしゃっていました。1万円札が紙切れということは1万円ではほとんど何も買えない、ハイパーインフレということです。

❼戦争が起きなくても、ハイパーインフレは起きる

国会で「ハイパーインフレ」に関して質問したら、最初は「ハイパーインフレは戦争で供給手段が破壊され、モノ不足になった場合にしか起きない」との答弁がありました。そ

れでもしつこく聞いていたら、気がついたのか、前述のようには答弁しなくなったのです。ドイツは別に戦争で供給施設が破壊されたわけではありませんが、それでも異次元緩和でハイパーインフレが起きています。

過去のハイパーインフレは第1次世界大戦後、第2次世界大戦後、そして金本位制を放棄して紙幣が自由に刷れるようになった1980年以降に多発しています。私が懸念するハイパーインフレは、その1980年以降に起きた事例で、異次元緩和の結果のハイパーインフレなのです。

ハイパーインフレは、需要が供給より極めて大きくなったときに起きます。戦争による供給施設の破壊でも、この現象は起こりますが、何もそれだけで起こるわけではありません。貨幣のばらまきすぎによる自国通貨安でも起こるのです。

日本における貨幣とは円ですから、「お金の価値が暴落する」とは「円の価値が暴落する」ということです。円が暴落すれば、外国人は優良な日本製品を、べらぼうに安く買えるのです。1ドル100円の時代、100円の日本製ボールペンを、米国人は1ドルで買います。1ドルが1万円になれば、100円の日本製ボールペンは米国人にとって1セントになるのです。日本製品への需要は供給（＝製造量）を大幅に上まわります。鎖国時代と同じように考えてはいけないということです。外需を考えて需給がバランスするかを考えねばなりません。また、円が暴落すれば、輸入品は高すぎてとてもではありませんが、日本人には手が出なくなります。それにつられて競合する日本製品の値段も上昇します。

為替が1ドル100円のとき、1ドルの輸入トマトは日本では100円です。しかし1ドルが1万円になれば、1ドルの輸入トマトは日本では1万円となってしまうのです。とても手が出ません。日本のトマト農家も、まさか以前と同じ100円では売りません。1個1万円に値上げするはずです。

❽財政破綻とハイパーインフレは同義

よく「日銀が紙幣を刷れるのだから、日本は倒産しっこない」という説を聞きます。私も、この説には賛成です。財政破綻はきっと起きないでしょう。

政府がお金不足で国家公務員への給料支払いをやめたり、国債の元本償還や利息支払いを凍結したりする（＝デフォルト）とは思えないのです。日銀に新しい紙幣を刷らせ、国債と交換で得たホカホカの紙幣で給料や元利金を支払い続けるでしょう。その意味で「日銀が紙幣を刷れるのだから日本は倒産しっこない」という主張は正しいのです。しかし、毎日紙幣を刷りまくることによって貨幣の価値や信認は落ちます。それこそハイパーインフレの発生です。ハイパーインフレとは、実体経済が紙幣の流通量とバランスしない状況で起きるのです。

今まで述べたハイパーインフレは究極の財政再建策ですから、財政が再建され政府は破綻しません。しかし、国民はハイパーインフレという地獄を味わうことになるのです。

「財政破綻」と「ハイパーインフレ」は高層ビルで火事にあったとき、「焼け死ぬ」か「飛び降りて墜落死するか」の選択の差にすぎません。その意味で「財政破綻」も「ハイパーインフレ」も同義なのです。日本は財政破綻はしないでしょうが、ハイパーインフレが日本国民を襲うと懸念しているのです。

日銀は紙幣を刷ることで、財政破綻を回避している

❶ 終戦直後の預金封鎖時と同じほどの借金がある

日本の借金額は世界最悪です。いかに借金が大きいかは名目GDPとの比で判断します。たとえ同じ借金額だったとしても、その持つ意味は日本とフィジー共和国では異なります。それは船が沈没するか否かを浸水量だけでは判断できないのと同じです。同じ浸水量でも、漁船は沈没してもタンカーは沈没しないのです。浸水量と船の大きさを比べて初めて、判断ができます。それと同様に、借金がどのくらい危険かは、名目GDP（国内総生産＝経済の規模）と比較するのです。GDPが大きければ大きいほど、税収も多くなるでしょう。国の経済規模が（人口は同じままで）2倍になれば、国民も一人当たり2倍豊かになり、国も2倍豊かになる（＝税収も2倍になる）のが普通の姿だからです。

したがって、借金総額をGDPと比べることは、「借金を税収で返済する難易度比べ」とも言えます。税収に比べて借金が多ければ、借金返済が大変だということです。そのことを頭に入れて各国の借金の対GDP比率を見てみましょう。

米国は104％で、ドイツは62％。財政危機に陥ったギリシャやイタリアでさえ、おのおの184％、132％なのに、日本は237％です（いずれも2018年末）。世界で断トツに悪い数字です。

日本のこの数字は、太平洋戦争終戦直後の数字とほぼ同じです。終戦後にハイパーインフレに陥った日本は、昭和21年、預金を自由に引き出せなくする預金封鎖と新券発行を行いました。銀行に置いてある預金しか新券に換えてもらえず、旧券は流通不可になるのですから、国民は、預金せざるを得ません。こうしてタンス預金をもあぶりだされたのです。この時代と対GDP比で借金の比率が同じ程度という事実には、戦慄《せんりつ》を覚えます。

2019年4月9日、突然、紙幣が刷新されることが発表になりました。2000円札はそのままですが、1万円札、5000円札、1000円札の紙幣のデザインを一新するというのです。新1万円札の顔は渋沢栄一です。刷新は発表から5年後の2024年だといいます。このニュースを聞いたとたん、非常に嫌な予感がして、翌日、SNSにも疑問を書きましたし、国会で麻生大臣にも質問しました。なぜこの時期に5年もかけて新券を用意することを発表するのだ、と。

20年前の紙幣デザイン刷新は実施2年前に発表されました。なぜ今回は5年も前なのか？　回答は「前回は偽造が非常に多かったのでデザイン刷新を急いだ」からだそうです。しかし、あのとき、偽造がそれほど大問題になっていたでしょうか？　記憶にありません。日本の印刷技術はすばらしいはずですが、新券の印刷準備に5年もかかるのでしょうか？昭和21年の新券発行時には、新券印刷が間に合わず、当初は旧券にシールを貼って対応しました。しかし、当時はそれで済んだとしても、この情報化時代、国が密かに新券やシールを用意しようとしても、すぐばれるでしょう。

ばれたらパニックで翌日、銀行でのとりつけ騒ぎが起き得ます。自分のお金を守ろうと円を外貨や貴金属などに換えたりするためです。どうやって国は準備するのかなと思っていたら、この手があったのか、と感心（？）したのです。この発表で、政府は国民に疑惑を起こさせずに堂々と印刷を進められます。

今の段階では、紙幣刷新後は、福沢諭吉1万円札と渋沢栄一1万円札は併用することになっているはずです。しかし福沢諭吉1万円札を法定通貨から外し、今後は使えないと宣言さえすれば、新券切り替えは完了です。そして「福沢諭吉1万円札100枚は渋沢栄一1万円札1枚と交換とする」などのシナリオは杞憂《きゆう》なのでしょうか？

財政がここまで悪くないなら私は全く心配しません。しかしますます悪化していく財政状況を考えると、その可能性も百パーセント否定してはいけないように思うのです。政府は、やろうと思えば、いつでもできる準備を整えています。

❷トマ・ピケティの警告はなぜ無視されるのか

前項で「日本の借金の対GDP比は太平洋戦争終戦直後の数字とほぼ同じ」と書きました。日本では誰も心配していないように思えますが、格差論で有名なフランスの経済学者トマ・ピケティがその著書『トマ・ピケティの新・資本論』（日経BP社刊）の中で次のように述べています。

「ヨーロッパから見ると、日本の現状は摩訶《まか》不思議で理解不能である。政府債務残高がGDPの2倍、つまりGDP2年分にも達するというのに、日本では誰も心配していないように見えるのは、どうしたことか。（中略）我々は日本の政府債務のGDP比や絶対額を毎日のように目にして驚いているのだが、これらは日本人にとって何の意味も持たないのか、それとも数字が発表されるたびに、皆大急ぎで目を逸《そ》らしてしまうのだろうか」

外国人から見ると、それほど日本の借金は驚くべき数字なのです。

❸なぜ日本人は莫大な借金を気にしないのか

トマ・ピケティの国フランスも、財政破綻がしばしば話題になるギリシャも、通貨としてユーロを使っていますが、ユーロは欧州中央銀行にしか刷る権利がありません。フランスの中央銀行やギリシャの中央銀行は、ユーロを刷ることができないのです。

したがってＥＵ諸国は政府に資金が足りなくなると、ＩＭＦ（国際通貨基金）や世界銀行に借金をしなくてはならないのです。借りるためには「厳しい財政再建策」などの提出が求められます。年金が削られたり公務員の給料が減らされたり、さまざまな歳出削減策を強いられます。ですから借金が膨らむのが怖いのです。

一方、日本政府はいざというときでもＩＭＦや世界銀行に資金援助を頼む必要はありません。足りなければ日本銀行が円を新しく刷れるからです。実際、現在、足りないお金は日銀が新たに刷って政府に渡しています。これは明らかに世界中が禁止している財政ファイナンスです。

その国の中央銀行が紙幣を刷れる国は、借金をいくら膨らませても何ら問題がなく、刷れない国は財政破綻の危機に陥るなどというのはおかしいに決まっています。ユーロという統一通貨を使わなければ、財政破綻になどならず、ばらまきが許されるのなら、ＥＵに参加する国などないはずです。使い放題歳出を膨らませられるのなら、政府にとって、これほどうれしいことはないからです。

その国の中央銀行に通貨を刷る権利があろうとなかろうと、借金が膨らめば同じような結果を招くとわかっているからこそ、ＥＵ諸国はユーロに参加したのです。

要は、過度の財政悪化は、中央銀行が紙幣を刷れなければ財政破綻を招き、刷ればハイパーインフレを招くという差にすぎないのです。前章で述べた「高層ビルで火事にあった際、焼死するか墜落死するかの違い」にすぎないのです。ただ中央銀行が紙幣を刷って危機を回避している場合、当初は、表面上穏やかな日々が続くので、国民が危機感を抱けないだけの話なのです。ただ危機感がない分、「中央銀行が紙幣を刷れる」国は事態が深刻になるとは思います。

❹政府が今やっていることは財政ファイナンスである

前項で、日本銀行は、政府の借金をファイナンスしていると述べましたが、これは財政ファイナンスといって、日本では財政法第5条で禁止されています。世界中の先進国すべてで禁止されているのです。それも、皆で相談した結果として禁止したのではありません。各々の国々が自分たちで考え、自分たちの判断で財政ファイナンスは危険だと判断したのです。それは過去にハイパーインフレを起こした苦い経験があるからです。政府が好き勝手に紙幣を日銀から受けとり、歳出を行っていけば紙幣の価値が下がり、悪性インフレを引き起こすのは道理です。財政ファイナンスを禁止したのは先人の知恵なのです。

私は政府が今やっていることは、完璧に財政法第5条違反だと思って国会で追及しましたが、黒田総裁や麻生太郎大臣は（私には詭弁《きべん》としか聞こえませんが）認めようとはしません。法治国家である以上、法律違反か否かも重要な問題ですが、過去にハイパーインフレを起こしたがゆえに世界中で禁止されていることを、実行してしまっているのが怖いのです。

2013年4月に始まった「異次元の量的緩和」の結果、平成29年度は、国が市中に発行する国債141・3兆円のうち96・2兆円と約70%も日銀が買ったのです。

民間金融機関が入札で得た国債をどのくらいの早さで日銀に売り飛ばしているかを知りたいと思って、国会で聞いたところ、2016年12月22日に発行された国債である336回債の2兆4000億円は、半年後の2017年5月29日時点で約1兆6000億円と66%も日銀に転売されていました。

また2014年11月13日に発行された30年債（44回債）に至っては6000億円のうち約5000億円と83%も転売されていたのです。

私が金融マンだった頃は、入札で購入した長期国債は民間が満期まで持っていました。転売で保有者の金融機関名は変わっても、民間が保有していたのです。その意味で原資は国民の預金や生命保険の保険料です。

しかし今は、大部分を日銀が保有しているのです。原資は国民から集めたお金ではありません。新しく刷ったお札（＝正確に言うと日銀当座預金）です。

民間が入札に参加するのは、あらかじめ日銀に転売することを見越しているからです。一時的に民間金融機関に保有させ、中間マージンを渡したあと、日銀が最終的に購入しているのが現実の姿です。新しく刷った紙幣を間接的に政府に渡しているのです。

黒田総裁や麻生大臣は、市場を通しているので「国債買いオペ」であり、「国債引受け（日銀が直接に国から国債を買い受けること＝財政ファイナンス）」ではないと国会でおっしゃいます。確かに外形上はそうかもしれませんが、実質的には国債引受けすなわち財政ファイナンスそのものです。サッカーで反則を犯したことによって与えられるフリーキックには直接ゴールを狙ってよい直接フリーキックと、別のプレーヤーがボールに触れてからでないと得点にならない間接フリーキックがありますが、どちらにしてもフリーキックであることに変わりはありません。それと同じです。民間を介してはいても、新しく刷ったお金が政府に渡っているのです。中央銀行による政府の資金繰り援助に他なりません。

私の友人の外国人市場関係者に聞いたら「そりゃ、百二十パーセント財政ファイナンスだよ」と言いました。

また、黒田総裁も麻生大臣も「これはデフレ脱却のためにやっているのだから財政ファイナンスではない」とおっしゃいます。そのときは、私はいつも、先に述べたように「失火だろうが放火だろうが家が焼ければ火事だ。財政ファイナンスか否かは、目的ではなく、その事実によって判断される」と反論していたのですが、全く意に介していないようでした。というより、認めてしまうと世界中から国債を売り浴びせられるので、そうとは認めないだけだと思います。

ちなみに私への反論のなかには「他国も同じようなことをやっているのに、フジマキはなぜ『日本だけ危ない』と言うのか？」というのがあります。

確かに他国でも同じようなことをしています。でも日本はケタ外れに大規模にやっているのです。財政が世界一悪いうえに、財政ファイナンスも他国とは次元の違う規模でやっているのです。ですから、危ないと申し上げているのです。

コラム 私がロンドンでやっていたことと同じくらいのインチキ

1980年代前半、私が邦銀ロンドン支店に勤務していたとき、「邦銀はユーロ円債（海外で発行される円建て債）を発売日に入札市場（プライマリー・マーケット）で買ってはいけない」という、わけのわからない規制がありました。目的は国内市場と海外市場を分離するためのようです。

しかし我々は外資に「入札に参加してこれこれのユーロ円債を押さえておいてね。2～3日後にいくらいくらで買うから」と頼んでいました。ディーラー間の取引は「d one」と声を発したら、書面が残っていようがいまいが（音声は残してありました）成立なのです。もしそれを反故《ほご》にしたら、二度とこの世界で仕事はできません。信義則のようなものです。

ところで、入札に参加するのは外資で、我々日系はセカンダリー・マーケット（流通市場）で買うのですから、「邦銀は発売日に買ってはいけない」という大蔵省指導に形式上は抵触していません。しかし実質は同じです。ですからザル規制であり、わけのわからない規制だったわけです。

ただ規制上は違反ではなくても、私は多少なりとも後ろめたい思いを持っていました。しかし、今は、全く後ろめたさは払拭されました。なにせ引受けを禁止されている日銀が、銀行や証券会社が買った国債を数日後には購入する日銀トレードをやっているのです。

入札に参加する銀行や証券会社は、日銀が近い将来、買ってくれることがわかっているから、そして値段もほぼ予想できるから入札に参加しているのです。これこそ私たちがロンドンでやっていたことと全く同じです。

財政法第5条という法律の違反と思われる行為を堂々と行い、黒田総裁や麻生大臣が

「これは財政ファイナンス（＝日銀の直接引受け）ではない」と明言しているのです。

私たちのケースの場合は、趣旨がよくわからない大蔵省指導（確か行政指導）違反にすぎず、他人に対してダメージを与えたとは思いませんが、今、日銀がやっていることは「ハイパーインフレを起こす危険があるから」と世界中で禁止されていることで、将来国民が甚大な損を被るかもしれないことをやっているのですから、より悪質だと私は思います。

❶日銀のバランスシートはこうなっている

次項に行く前に日銀のバランスシート（BS／貸借対照表）の説明を少ししておきましょう（70頁の図表1参照）。

発行銀行券とは、今、読者の皆様の持っている紙幣のこと。よく見ると、紙幣には「日本銀行券　日本銀行」と表示されていると思います。

紙幣は日本銀行が発行しています。昔はこの紙幣を日銀に持ち込めば、金《きん》に換えてくれました。金本位制です（正確に言うと、ドルをFRBに持ち込むと金に換えてくれました。円はそのドルに固定相場でリンクしていたのです）。

そういう意味で、紙幣は約束手形のようなもの。ですから日銀の負債と考えていただくとわかりやすいと思います。紙幣を英語ではbanknoteと言いますがpromissory noteとは約束手形の意味です。同じnoteという英語を使います。

日銀当座預金とは、銀行等が日銀に置いている当座預金のことです。銀行、証券会社などは日銀に当座預金口座を開設できます。皆さんが銀行に預金をするがごとく、銀行等は日銀に預金をしているのです。

この口座を持たないと、銀行は銀行の体をなしません。国内送金はこの口座を経由して行われるからです。だからといって、民間金融機関がすぐに日銀の口座を持てるわけではありません。日銀の監査を受けなければならないのです。それが日銀の権威の一つにもなっています。

先日、経営者の方々に講演をしたあとの懇親会で、「『日銀当座預金』が日銀の負債サイドにあるので、話についていくのが大変だった」と言われました。銀行が日銀に「日銀当座預金」を持つ場合、この「日銀当座預金」は銀行の資産ですが、預かるほうの日銀にとっては負債です。日銀は銀行の求めに応じて、この預金を返済しなければならないからです。

要は、日銀が世間に直接的に供給しているお金とは、「発行銀行券」と「日銀当座預金」の合計額なのです。この合計額に流通しているコインを足したものを「マネタリーベース」と言います。この数字が大きくなれば、世間に出まわるお金の量が膨れ上がる可能性があるのです。なにせマネタリーベースとはベース、種銭だからです。貸し出しを通じて信用創造が起これば、銀行間市場だけでなく市中にもお金があふれ出します。

コラム　日銀当座預金を使う国内送金

鹿児島にいるA君のお母様が、B銀行鹿児島駅前支店から東京に住んでいるA君のC銀行新宿支店の口座に学費を10万円送金するとします。この際、B銀行鹿児島駅前支店からC銀行新宿支店まで現金が現金輸送車で送られるわけではありません。

日銀に保有しているB銀行の当座預金（＝日銀当座預金）から10万円が引かれ、C銀行の日銀当座預金に10万円が加算されるのです。あとはB銀行の本店と鹿児島駅前支店、C銀行の本店と新宿支店という同一銀行内での勘定の調整が行われるだけです。

❷ 私が金融マン時代、日銀は市場に介入していなかった

日銀には市場原理が働いていません。市場原理とは、儲かるか否かで行動を決定することです。資本主義は別名、市場主義と言います。市場の存在によって最も効率的な資源配分が達成されるシステムです。確かに、いろいろな問題もあります。よく「資本主義とは最悪のシステムだ。しかし人類はそれ以上のシステムを発見していない」と言われます。

しかし、資本主義経済は「市場原理の働く参加者が、自分自身の利益の極大化のみを考えて行動することによって、社会全体でも最も効率的な資源配分がなされる」という非常に都合のいいシステムです。市場原理ではコントロールできない公害問題等は、政府が介入しなくてはいけません。

私が金融マンだった時代（２０００年3月まで）の日銀は、どの市場にも介入していませんでした。日銀は市場原理に基づいて行動する機関ではないからです。参加してはいけないのです。市場原理の働かない機関が市場に参加すれば、必ず、ひずみが起こります。その意味で私が金融マン時代の日銀は健全だったのです。

日銀は、当然、長期国債市場にも参加していませんでした。確かに「成長通貨の供給」という名のもと、多少は購入していました。経済が成長していくとその分、通貨が必要となります。経済規模に見合う通貨が存在しないと、通貨が不足し、通貨の価値が上がってしまいます。価値の上がった1万円札で沢山のモノが買える。すなわちモノの値段が下がる。デフレになってしまうのです。ですから回収する必要のない成長通貨を供給するときだけ、日銀は長期国債を購入していたのです。それ以外は長期国債など購入したことはありませんでした。健全だったからです。

「異次元緩和」とは正式には「異次元の質的・量的緩和」と言いますが、「質的」の意味は短期債だけではなく、長期債の購入を開始したことを言います。

私が金融マン時代、入札で国債を取得した銀行、証券会社、その銀行等から国債を買った生命保険会社等は、満期までその国債を保有しました。

もちろん、それらの金融機関同士では売買が行われていましたから、入札で購入した民間金融機関そのものが満期まで保有していたというわけでは必ずしもありません。彼らの国債購入原資は国民の預金や保険料です。

ところが、異次元緩和開始以降は、入札で購入した国債を、民間金融機関はすぐに日銀に転売するようになりました。「日銀トレード」と称されます。まさに日銀が長期国債市場に参入し始めたのです。参入し始めたどころか、今や長期国債市場のモンスターにまでなってしまいました。発行済み国債の46％は今や日銀が保有しています。

あとでお話ししますが、これによりさまざまな問題が起こりつつあるのです。

❸日銀のバランスシートから見た異次元緩和とは

先ほど「異次元緩和は財政ファイナンスだ」と述べましたが、今度はそれを日銀のバランスシートから見てみましょう。

私がまだ金融マンだった1998年12月末と現在の2019年9月末の日銀のバランスシート（BS）を比べてみましょう。次頁の図表1を見てください。

まずはBSの規模が98年の91・2兆円から2019年9月末には569・8兆円と、6・2倍にもなっています。何が増えたかというと、資産サイドでは国債。負債サイドでは発行銀行券と日銀当座預金です。資産サイドの国債は52・0兆円から479・7兆円と9・2倍。負債サイドの発行銀行券は55・9兆円から107・1兆円と1・9倍、日銀当座預金は4・4兆円から408・3兆円となんと92・8倍です。この資産サイドの国債と負債サイドの日銀当座預金の急膨張こそ異次元緩和の結果なのです。先に述べた「日銀が長期国債市場に介入し始めた」結果なのです。

日銀は銀行や証券会社から国債、それも長期国債を大量に買い始めました。前述のよう

図表1　日銀のバランスシートの推移

1998年12月末

資産	(兆円)	負債・資本金	(兆円)
金	0.4	発行銀行券	55.9
国債	52.0	日銀当座預金	4.4
その他		⋮	
⋮		引当金	2.9
		準備金	2.1
		資本金	0.0001
	91.2		91.2

2019年9月末

資産	(兆円)	負債・資本金	(兆円)
国債	479.7	発行銀行券	107.1
(うち長期国債 469.4)		日銀当座預金	408.3
⋮		⋮	
貸出金	47.8	政府預金	15.7
⋮		引当金勘定	6.1
		準備金	3.3
		資本金	0.0001
	569.8		569.8

バランスシートの規模が91.2兆円→569.8兆円と6.2倍に拡大!

に、国から直接買うのは財政法第5条（引受け禁止）に抵触しますから、民間金融機関が入札で購入した国債を、短期間のうちに彼らから買いとるのです。中央銀行が「国から直接買うのは禁止だが、市場で買うのはＯＫ」としているのは、一度市場を通ることによって、市場で価格チェックを受けているからとの理由です。

しかしながら現在は、民間金融機関が日銀に多少の利ザヤを抜いて転売する目的で入札に参加しています。市場の価格チェック機能を経て日銀が国債を買うのではなく、日銀がいくらで買うかを見定めてから、民間金融機関は入札に参加するのです。市場を一度通したからＯＫという話ではなくなっています。

それは日銀が長期国債市場でモンスター的存在になり、価格を思いどおりに動かせるようになったからです。これもあとで述べますが、大きな問題の一つが、財政規律の崩壊です。

長期国債というのは1年以上の国債のことを言います。日銀は、異次元緩和によって、発行量の最も多い10年国債を中心に、銀行や証券会社から長期国債の爆買いを始めました。だからこそ日銀ＢＳの資産サイドが巨大化したのです。

購入したからには代金を売り主に渡さねばなりませんが、売り主の金融機関に現金（発行銀行券）を渡しているわけではありません。その金融機関が日銀に保有している日銀当座預金の数字を膨らませているのです。だからこそ負債サイドの日銀当座預金額が膨張したのです。

私は、よく「日銀が国債を購入して紙幣をばらまいている。紙幣が毎日天から降ってくる」と書きますが、これはわかりやすくするためで、実際には「紙幣を増やす」のではなく、「日銀当座預金の残高を急速に増やしている」のです。これは前に述べたように日銀にとっては負債ですが、民間金融機関にとっては資産です。民間金融機関は大量の流動資産を保有することになりました。

皆さんが財布に入れているお金も、銀行に預けているお金も、お金として一律に扱うのと同様、発行銀行券も日銀当座預金もお金であることに変わりはありません。日銀は銀行間市場にお金をばらまいているのです。

なお、日銀当座預金は92・8倍になったのに、発行銀行券は1・9倍にしかなっていません。実は、日銀といえども、発行銀行券を思いどおりに増やすことはできません。国民サイドからアクションがあって初めて発行銀行券は増えるのです。日銀が紙幣を刷っても（実際の印刷業務は独立行政法人国立印刷局が行います）、倉庫の中にある限りは発行銀行券としてカウントされないのです。単なる紙切れです。国民が、休日前にタンス預金を増やそうと思いATMから現金を引き出して初めて、発行銀行券残高は増えるのです。

それでも20年間で発行銀行券が1・9倍に増えたのは、超低金利が続き、国民が銀行預金に魅力を感じず、タンス預金を増やしたせいでしょう。何はともあれ、日銀が自らの意思で発行銀行券を簡単に増やせるわけではないのです。

その一方、日銀当座預金は、日銀の思いどおりに増やすことができます。（民間金融機関が日銀に国債を売り続ける限り）民間金融機関から国債を買えばいいのです。そうすることによって、日銀は、いとも簡単に日銀当座預金を増やすことができるのです。

この項目をまとめます。異次元緩和を行った結果、資産サイドの国債と、負債サイドの日銀当座預金が急増しました。

日銀はまさにお金をばらまきながら、国債（＝国の借金）を買いとっているのです。これこそ中央銀行が国の資金繰りを支える財政ファイナンスそのものなのです。

日銀は２０１９年９月末現在で国の国債発行残高（短期政府証券を含む）１０５４兆円のうち４８０兆円、46％も買っています。すなわち国の借金のうち46％は、日銀が紙幣を刷る（＝実際には日銀当座預金を増やす）ことによってファイナンスされているのです。

❹伝統的金融政策とはどういうものか

多くの方々は、日銀は昔から同じようなオペレーションを継続していると思われているかもしれませんが、今の日銀のオペレーションは私の金融マン時代とは別物になっています。昔は、日銀といえば「金融政策」を実行するところだったのですが、今では単に「政府の紙幣発行所」「政府の打ち出の小槌」になり下がってしまっています（皮肉）。

モルガン銀行に入社した直後、右隣に座っている資金繰り担当の部下の女性が急に泣き出したことがあります。「日銀にある我が社の日銀当座預金残高がマイナスになりそうだ」と言うのです。日銀当座預金残高が赤になると、担当者が泣くほどに大変なことなのでしょうか？　実際のところ、大変なことだったのです。

金融機関が何度も日銀当座預金残高をマイナスにすれば、日銀当座預金を閉じなければならなくなります。それは、日本での業務撤退を意味します。本章に国内送金の仕組みを書きましたが、その国内送金もできなくなってしまうのです。

邦銀の場合、法定準備預金額が多いため、日銀当座預金残高がマイナスになることはまずあり得ません。しかし外資系金融機関の場合、法定準備預金額が少ないので、計算ミスがあると途端にマイナスになってしまいます。法定準備預金額とは、金融調節のために銀行が顧客から預かった預金の一定割合を日銀に積むよう要求されている金額のことです。

ちなみに1992年末の日銀当座預金残高は、たったの3・0兆円。現在の408兆円（2019年9月末）とはえらい違いなのです。現在、銀行は法定準備預金額をはるかに超える額を日銀当座預金に置いているということです。

マイナスが怖いなら、現在のように法定準備預金額以上に日銀当座預金にお金を置いておけば心配する必要がないではないか？　ゼロ金利に近づいたときなど他の運用にまわしてもそんなに収益が上がるわけではないのだから、日銀当座預金に多めにお金を積んでおけばいいではないか？　と思われる方も多いと思います。

しかし、伝統的金融政策下においては、日銀当座預金残高を法定準備預金残高とほぼ同じにすることが不可欠だったのです。たとえば1992年の日当の平均残高は2兆9666億円、法定準備預金額の平均残高は2兆9663億円と、たった3億円しか違わなかったのです。

それも、日本中の金融機関全部の合計です。これによって日銀が短期金利を思いどおりに操作できたのです。それが伝統的金融政策の肝だったとも言えます。

我々が日銀当座預金残高を法定準備預金額以上に置きすぎると、日銀からお叱りの電話がかかってきました。日銀当座預金残高＝法定準備預金残高となるよう、日銀が銀行への資金供給をコントロールしていたのですから、1行が積みすぎると、他行が不足してしまうのです。

なにせ日本の金融機関全体で、3億円の余裕しかありません。ある1行が5億円多く積みすぎれば、どこかの銀行が法定準備金の積み不足になってしまいます。要求されている法定準備預金額が少ない外資なら、勘定のマイナスが生じてしまいます。ですから「他行に迷惑かけるな」と日銀からお叱りの電話がかかってきたのです。

この政策により、日銀は思ったとおりに短期金利を誘導できたのです。ほんの少し銀行間市場に多めの資金供給をすれば短期金利は下がりますし、絞れば上がったのです。

その伝統的金融政策下の肝心要《かなめ》を放棄し、日銀当座預金を法定準備預金額より多く積んでもOK、問題なしとしたのが量的緩和なのです。

今となっては、日銀当座預金残高を法定準備預金額にまで減額するのが無理な以上、もう昔の精緻《せいち》な短期金利の誘導はできないのです。

ちなみに伝統的金融政策時代の資金繰り担当者の技術は、神業的でした。過不足があれば午後3時の銀行間市場のクローズ時間前に調整をしなければなりません。3時直前の担当者の電卓をたたくスピードは、ほれぼれするほどでした。本項の冒頭で述べた女性は「3時前に必要資金が市場からとれそうもない」と判断したために、責任感から泣き出してしまったのです。

伝統的金融政策を放棄してから、すでに18年。日銀内でも銀行内でもこの神業技術は伝承されず、すでに廃れてしまったのではないでしょうか。今後、誰が教えるのでしょうか？ 伝統的金融政策に戻れるのか、私はとても心配しています。なお、冒頭に書いた部下の女性は、今や財務省の元大幹部の奥様。まさか彼女に「戻ってきて資金繰り教えてあげてよ」とは頼めるはずもありません。

❺福井元日銀総裁の発言からわかる、日銀の異常さ

2019年11月29日の日経新聞に福井俊彦元日銀総裁の口述回顧が載りました。これは日銀金融研究所が2016~17年に実施し、18年に内部向け非公開資料としてまとめたものので、情報公開法に基づく請求を受けて開示されたものだそうです。これを読めば、今の異次元緩和が、金融の専門家から見て、いかに危険で異常であるかがわかります。

福井総裁は「着任後は、長期国債は買い増ししないとひそかに決めた」「私は、長期国債を抱えすぎて、あとでポートフォーリオのバランス上、非常に問題が起こる、あるいは財政政策との敷居が低くなりすぎるというリスクは避けようとした」と回顧されています。

福井総裁が2003年3月に着任した当時の日銀の長期国債保有額は58兆円。58兆円の保有でも「もう増やしちゃいけない」と福井総裁が思っていたのに、今や469兆円もの保有なのです。お、お、お、です。

さらに、2020年1月30日の日経新聞には、日銀の金融政策決定会合の2009年7~12月の議事録が載っています。それによると、量的緩和は必要な期間に限り、必要な規模に限っての適用でなければならないとのことで、量的緩和の手じまいを議論していたそうです。

この手じまいを考えていたとき（2009年12月）の発行銀行券残高は81兆円、日銀当座預金20兆円の計101兆円。現在は各々が112兆円と401兆円の計513兆円。手じまいどころか、大拡張なのです。

このような状況に、日銀の監督官庁ともいえる会計検査院もさすがに黙っているわけにはいかなくなったようです。2019年11月6日に「日銀は財務の健全性確保を」と指摘しました。日銀に何かあったら監督官庁の会計検査院も責任を追及されるでしょうから、警告を発せざるを得なかったのだと思います。

❻異次元緩和政策とは財政破綻の回避策にすぎない

異次元緩和とは一般的には「デフレ脱却のために導入された金融政策」「ゼロ金利に到達し、これ以上金利が下げられないからお金の量を増やす政策に転換した」と理解されているかと思います。

しかし、実は、その本質は「政府の資金繰り倒産の回避策」だったのです。

ギリシャ、イタリア、そしてトマ・ピケティの母国フランスなどは、借金が膨らんでしまうと、財政破綻を起こしてしまいます。各国の中央銀行が、紙幣（＝ユーロ）を刷れないからです。それを、日本では異次元緩和という名のもと、中央銀行が紙幣を刷りまくって、何とか財政破綻を回避していたにすぎないのです。

まさに日本得意の危機の先延ばし、「飛ばし」です。しかし「飛ばし」で倒産を何とか回避していた山一證券が１９９７年、ついに「飛ばし」を続けることができずに自主廃業したのと同じことが起きると思うのです。

2020年1月21日の日経新聞に載っている日本証券業協会の鈴木茂晴会長（元大和証券代表取締役社長）の「私の履歴書」に、政府・日銀関係者に是非読んで欲しい一文があります。

「この年最大のニュースは山一證券の自主廃業だ。バブル崩壊後、含み損のある有価証券を簿外で抱え、相場回復を待っていたのだが、命運が尽きた。大和は91年に飛ばしが表面化し、500億円ほどの損失を計上した。あのとき、山一と同じように簿外で隠し持つことも検討されたと聞いたことがある。一歩間違えば大和も山一と似た運命をたどっていたかもしれない」

民間だろうと国だろうと、「飛ばし」は必ずどこかで行き詰まるのです。

私は、異次元緩和には大反対でした。「ジリ貧（デフレ）を脱却しようと思ってドカ貧（ハイパーインフレ）を起こすのはやめよう」と主張していたのです。他のデフレ脱却策をずっと提案していました（この本の主題ではないので省きます。過去に書いた私の本をご参照ください）。また「異次元緩和」をどうしてもやりたいのなら「日本国債の代わりに米国債を買え」とも主張しました。他の金融商品と違い出口があるからです。そして景気に対しての効果も高いからです。

若田部昌澄氏が日銀副総裁に就任された直後の演説で「異次元緩和を深掘りする方法はまだいくらでもある」という趣旨の発言をされました。私は「アッ、米国債の購入だな」と思いました。それしか方法は考えられません。

しかし、若田部副総裁はその後、その種の発言はやめられました。米国債は、米国政府の資金繰りのために発行されているものです。日銀がいくら沢山購入しても、日本政府の倒産回避策にはならないことがわかったからだと思います。

コラム　日本国債の代わりに米国債購入ならまだまし

「私は異次元緩和には大反対だが、どうしても継続したいのなら日本国債の代わりに米国債を買ったほうがまだまし」と何度も参議院の財政金融委員会で提言してきました。異次元緩和で買う資産は何も日本国債でなくてもよいので、米国債をＦＲＢから直接買えという主張でした。ＦＲＢは当時バランスシートを縮小したくてたまりませんでしたから、彼らも大喜びです。日銀は刷った円をドルに換えて米国債をＦＲＢから購入しますから円安ドル高が進行します。日本国債の保有と違って売却が容易（＝出口がある）

なのです。そしてXデーが到来したあとの対策にもなります。

債務超過で信用の失墜した日銀の発行する円では、諸外国は食糧も原油も高額薬品も売ってくれません。でもドルでなら売ってくれます。ですからXデーが到来しても、ドルは日本国民を助けてくれるのです。ただ何度も指摘しているように、異次元緩和は「デフレ脱却のため」という公式発言にもかかわらず、実際は「政府の資金繰り倒産回避策」です。日銀が日本国債を買いまくって、新しく刷った紙幣を政府に供給し、政府が資金繰り倒産するのを防止するための対策です。

日銀が米国債を購入しても、それは米国政府の資金繰りを助けるだけで、日本政府の資金繰りを助けるわけではないのです。政府の「資金繰り倒産回避」には、何の効果もないのです。だから実行されないのだと思います。異次元緩和が、公言どおりの「デフレ脱却目的」の手段ならば、非常に有効な手段だと思います。

第5章 異次元緩和の弊害は極めて大きい

❶ 異次元の質的・量的緩和の質的とは何か

異次元緩和は、正式には「異次元の質的・量的緩和」と言います。マスコミにしろ、識者にしろ、異次元緩和を語るとき、量的緩和のことには注意を払います。そちらのほうにしか興味を示さないと言っていいかもしれません。

しかし、同様に重要なのは「質的」緩和です。お金をジャブジャブにするのが「量的緩和」、それに対し長期国債の購入を開始したのが「質的緩和」なのです。

私の金融マン時代、日銀は主として3カ月未満の短期国債しか買っていませんでした。それが、今は長期国債を爆買いしているのです。2019年9月末時点で、日銀は479・7兆円の国債を保有していますが、そのうち469・4兆円は長期国債です。実に97・8％です。

この結果、いろいろな問題が起きています。あとで詳しく述べますので、ここでは主要な問題をごく簡単に書いておきます。

第一に、財政出動でいくら借金が膨らんでしまっても、日銀の長期国債爆買いで長期金利が上昇しなくなってしまいました。財政赤字拡大への警戒警報が鳴らなくなってしまったのです。財政規律の崩壊といえます。

第二に、地方銀行の経営が苦しくなってしまいました。銀行の主たる収入源は長短の金利差です。異次元緩和による日銀の長期国債爆買いで、長期国債の価格が急騰（＝長期金利が急落）しました。その結果、長短金利の差がなくなってしまったのです。

第三に、日銀の債務超過の可能性がでてきてしまったことです。債務超過とは民間でいえば、破産状態です。

金利が上昇したとき、同じ幅の上昇でも、長期であればあるほど国債の価格は下がります。長期国債のほうが、より長い間、金利上昇の影響を受けるからです。

日銀は今や大量の長期国債を保有しているので、市中の金利が上昇したとき、莫大な評価損が生じることになります。中央銀行が債務超過に陥れば、その発行する通貨の価値は暴落です。外国人はそんな中央銀行が発行する通貨など、危なくて受け取りません。円をドルに換え、原油を輸入しようにも、誰もドルを売ってくれなくなるのです。

❷異次元緩和は財政規律を崩壊させた

ここでは、前項に書いた「質的緩和」の第一の弊害について詳しく触れます。これは極めて大きな問題です。

2016年8月に1・1％だった10年物イタリア国債の金利は、2018年10月12日には3・57％にまで上昇しました（2019年12月27日現在では1・37％）。当時、世界中がイタリアの累積赤字を問題にしたからです。

ちなみに当時のイタリアの債務残高は、対GDP比で130％強にすぎません。日本の237％よりはるかにましでした。それなのに、このままいけば歳出を賄いきれず、デフォルト（債務不履行）の可能性ありと世界は心配したのです。何度も述べるように、イタリアの中央銀行には通貨ユーロを刷る権利がないからです。

EUの銀行はイタリア国債を多く保有していたせいで、イタリア国債の価格が暴落すれば、自国の金融システムがリスクにさらされると大騒ぎしたのです。

このように財政悪化が問題になると、長期金利は通常上昇します。そして、その長期金利上昇が、財政赤字拡大に警戒警報を鳴らすのです。そこで政府も国民も財政赤字問題を真剣に考え、借金総額が膨らまないようにします。政治家が橋や道路を造ったりして、ばらまきを行えば、政府の資金調達手段である国債が大量に発行されるので、供給過多で値段は下落（長期金利は上昇）します。国債市場が「公共投資やばらまきは景気にプラスでも、その結果、長期金利が上昇すれば、そちらは景気にマイナスだぞ。バランスを考えなければいけないよ」と警戒警報を発してくれるのです。

その意味で財政が悪化すれば長期金利が上昇するのは、健全な姿です。国債市場は神経の役割を果たしているといえるかもしれません。神経がなければ、痛みを感じず、生命の危機が生じます。その意味でイタリアには、まだ神経が通っているといえます。

一方、日本の場合、これだけ財政が悪いのに、長期金利はシミ程度しか上昇していません。逆に累積赤字の増大とともに低下さえしています。

それは、市場原理の働かない日銀が、長期国債を爆買いしているからです。公共投資で国債の発行が増えても、そんなことお構いなしで、がむしゃらに日銀が買っているからです。だから本来、下がるべき国債の価格が上昇（＝長期金利は低下）してしまうのです。

長期金利が上昇しないから、私ごときが、いくら「財政は危機的な状況にある」と警告しても世間は聞く耳を持ってくれません。いくら体が蝕《むしば》まれていても神経がなく、痛くないから大騒ぎしないのです。

財政規律を崩壊させ、政府や政治家を能天気に仕向けているのは、黒田総裁が率いる日銀なのです。黒田日銀総裁は国会での私の質問に対し「財政運営は政府、国会の責任において行われる」と答弁されましたが、それは無責任です。

財政破綻という危機に対し、国民や政治家を鈍感にさせているのは日銀だからです。

第1章でも触れましたが、2016年7月26日の日経新聞電子版に当時の財政制度等審議会の会長代理の富田俊基・中央大学教授のインタビュー記事が載っています。

「重要なのは市場の声を聞くということだが、(日銀が国債を買い占め、市場金利を意図的に下げているので金利という)財政の持続可能性を評価する尺度が失われてしまった。戦前もそうだが市場の声が聞こえなくなってしまう。政治は聞きたくないから聞こえなくしてしまう。それが資本逃避防止法であり、ドイツにおいても同じだった」

まさに、そのとおりです。

❸異次元緩和は日本をさらなる計画経済国家にした

異次元緩和の第二の弊害は、日本を「さらなる計画経済国家」にしてしまったことです。異次元緩和の結果、日銀はあらゆる市場を牛耳るようになってしまいました。これでは日本は資本主義経済国家とはいえません。

資本主義とは、多くの市場参加者が「自分の利益のみを考えて行動する結果、人類にとっての資源の最適配分が達成される」システムのことです。その際起きる公害や本当の弱者、過大な格差等の不都合な出来事の調整にのみ、政府がしゃしゃり出るべきと考えるのが資本主義国家です。大きすぎる政府は、資源配分の最適化を阻害するのです。

資本主義の対極に位置するのが、計画経済（＝社会主義的経済経営）です。ごく少ない数の頭のよい人たちが計画を作り、それに沿って経済運営をします。

歴史は、資本主義経済（＝市場経済）のほうが圧倒的に優れていたことを証明しています。計画経済の代表格ともいえるソ連や昔の体制の中国という国は今やもう存在しないのです。

異次元緩和の結果、現在の日本の株式市場、国債市場、不動産市場においては、損得とは全く関係なく行動する日銀が、圧倒的に大きな存在となってしまいました。その意味で日本は、今や市場経済（＝資本主義）国家とは言い難いのです。

２０１９年4月16日の日経新聞は、「日銀は２０２０年末にも公的年金を上回り、日本最大の株主となる」と推計し、「機関投資家・外国人が主導して発展してきた日本の資本市場は、中央銀行が主導するこれまでにない段階に入る」と書きました。まさにそのとおりです。

私が金融マンだった時代（２０００年3月まで）の日銀の株式保有はゼロ。金融政策で株を買う中央銀行は、今でも他の主要国にはありません。国債市場ではさらにひどく、日銀がモンスターになっています。

２０１９年9月末時点で国債等発行残高は１０５４兆円、日銀の国債保有額は４８０兆円。日銀は発行済み国債の46％も保有しているのです。保有比率の高さは世界の中央銀行の中でも突出しています。

流通市場で言えば、一時は年間国債発行額の80％近くを購入していたのです。完璧な計画経済国家であり、計画経済下での価格形成です。

日銀がいつまでも市場のモンスターであり続けるのなら「計画経済は成功する」と言え

ますし、歴史に残る偉業となるでしょうが、私には到底そうは思えません。この官制相場が崩れるときが怖いのです。金利上昇のエネルギーがますますため込まれています。官製相場が崩れたときは、日本売り（債券・株・円の暴落）が発生します。市場のエネルギーを馬鹿にしないほうがいいと思うのです。

市場経済では、ひずみが小さいうちに市場が頻繁に修正を強いますが、計画経済下では政府が微調整を許しません。それゆえに後々のドカーンなのです。

日本は、いまだ資本主義国家だと誤解している人が多いようです。しかし、それは誤解です。日本の低成長ぶりを見て「資本主義は終わった」と言う人がいますが、私は不同意です。日本は計画経済だからこその、この体たらくなのです。日銀は、その責任を負うべきです。

❹異次元緩和は日銀の財務内容を脆弱化させた

異次元緩和の第三の弊害は、日銀の財務内容を脆弱化させたことです。この結果、日銀の倒産まで危惧しなくてはならなくなりました。

2019年11月29日の日経新聞に載った福井俊彦元日銀総裁の回顧のことはすでに述べ

ました。

福井総裁は国債市場が暴落したときの日銀の抱える評価損、それに伴う円の暴落（＝ハイパーインフレ一直線）を心配されたのだと思います。異次元緩和によって、日銀があらゆる市場を牛耳るようになって日本がさらなる計画経済国家になったと前項で述べました。日本経済を市場原理の働かない脆弱なものにしてしまったのです。それとともに、実は日銀自身の財務内容を市場の動きに振りまわされる極めて脆弱なものとしてしまったのです。

私が金融マンだったときには、日銀が保有している国債はほとんどが3カ月までの短期国債で、値動きの大きな長期国債、株式、不動産には手を出していませんでした。金利が1％動いても短期国債の価格はあまり影響を受けませんが、長期国債は大きく動きます。中央銀行は、価格が大きく上下して債務超過になるリスクのある資産を持つべきではないのです。自身とその発行する通貨の信認を確保し続けるために、資産内容の健全性が極めて重要だからです。福井総裁が「あとでポートフォーリオのバランス上、非常に問題が起こる」と懸念したのはこのことだと思います。

日銀以外の先進国の中央銀行で、金融政策目的で株や不動産を保有しているところはありません。他の中央銀行も長期国債を買ってはいますが、日銀ほどの爆買いはしていません。日銀は他の中央銀行に比べて、市場の変動に対して極めて弱い財務内容となってしまいました。中央銀行が保有財産の評価損を出したらどうなるのでしょうか？　その中央銀行の発行する通貨は暴落すると思います。円、すなわちお金の価値の暴落（＝ハイパーインフレ）が起きるのです。

❺異次元緩和は金融システムを脆弱にした

２０１９年12月2日の日経新聞の「消えたメガバンクの新資本規制」という見出し記事に、「超低金利環境の長期化は運用難を招いた。少しでも利益を確保しようとする銀行が融資で過度なリスクをとる懸念をはらむ。銀行による不動産向け融資がバブル経済時の１９９０年末以来の『過熱』状態にあると日銀も認めている」との記述があります。

異次元緩和はゾンビ企業を生き延びさせてしまい、日本の産業の新陳代謝を遅らせました。社会には産業の新陳代謝が必要です。産業の新陳代謝が起こらず、日本が明治時代と同じ「石炭産業と繊維産業」の国だったら、１億２６００万人もの人口を到底養ってはいけません。

低金利だからこそ、何とか生き延びているゾンビ企業は、少し金利が上昇すれば倒産するでしょう。これは、とりもなおさず融資をしているサイドの金融機関の危機にもつながります。融資先がバタバタと倒産すれば、ただでさえ体力の弱っている金融機関が、そのコストに耐えられなくなり、金融システム不安が起こります。

ちなみに金融緩和の影響で低利の融資に頼って「延命」できてしまうのは、何も企業に限りません。国もそうです。日銀が長期金利を超低金利に抑えきれなくなったら、巨大な借金を抱えている日本国も、支払い金利の上昇に耐えられず、ゾンビ企業同様、資金繰り倒産をしてしまいます。

❻異次元緩和の結果、市場が乱高下したときに対処できる人材がいなくなってしまった

異次元の緩和が長く続いた結果、長期金利はシミ程度のまま超低位で安定し、全く上下しなくなりました。それにより、現役ディーラー、そしてそれを監督する管理者にも修羅場を経験した人が数少なくなってしまったのです。市場は経験、特に修羅場をくぐった経験が極めて重要です。私は部下のディーラーに「血反吐《ちへど》を三度はかなくては優秀なディーラーにはなれない」とよく言っていました。今後、市場が大荒れになったとき、修羅場経

験のないディーラーや投資家は右往左往するだけではないかと心配になります。

２０２０年1月14日の日経新聞によると、「国際決済銀行（ＢＩＳ）は19年12月の報告書で、短期金融市場で金融機関の取引経験が薄まっていることに懸念を示した。経験の少ない投資家はショックが起きると慌てふためき、金利の乱高下を招きかねない」そうです。

短期金融市場以上に、長期国債市場は損益のブレが大きいので心配です。

第6章

警戒警報装置を除去したため、累積赤字が膨れ上がった

❶ 特例公債法案というスイッチをとり外してしまった

前章で、財政赤字が膨らんでも「国民が痛みを感じなくなった」のは、日銀が異次元緩和で長期国債を爆買いして、長期金利が上昇しないからだと述べました。しかし、それだけではありません。政府・日銀は他にも多くの警戒警報のスイッチを切ってしまったのです。電車でいうところのATS（自動列車停止装置）のスイッチを切ってしまったり、除去してしまったのです。今や運転士が赤信号を見落とし、突っ走っても、電車は自動的に止まってくれないのです。

国債には建設国債と赤字国債があります。建設国債とは、橋や道路など公共投資のために発行する国債。一方、その年の赤字を埋めるために発行するのが赤字国債です。

国の財政に関する基本法の財政法では、第4条で「国は、原則借金をしてはいけない。やむを得ないときは建設国債の発行はいたしかたない」と決めています。

要は「後世の人たちの便益にならない公務員の給料など経費の支払いを赤字国債の発行で賄うなどとんでもない。毎年の歳出はその年の税収や税外収入で賄いなさい。ただし、橋や道路のような資産は後世の人たちの便益にもなるから建設国債を発行して造り、利用期間内で借金を返済するのは、やむを得ないでしょう」ということなのです。極めて健全な発想です。

しかし、近年の赤字は莫大です。しかも2019年度(予算段階)でいえば、建設国債の発行額6・2兆円に対し、赤字国債は25・7兆円で、大量の新規国債のうちの大部分は「発行など、とんでもない」はずの赤字国債なのです。

まさか財政法第4条を破って赤字国債を発行するわけにもいきませんから「特例公債法案」という特別法を作って、政府は毎年赤字国債を発行しています。

「特別法は一般法を破る」の原則がありますから「国は、原則借金をしてはいけない」という一般法の財政均衡義務を「特例公債法」によって、有名無実化させ赤字国債を発行しているのです。

特例公債法を毎年制定して赤字国債の発行を認め、何とか資金繰りを行っていたのですが、かつては1年限りの法案でした。ひどい話ではありますが、それでもまともでした。「ATSを、電車が止まりそうになるたびに切っていた」わけです。

ところが、この法案を国会通過させるために毎年、首相のクビが飛んでしまっていたので、自・公・民3党は2012年度の法案で、2015年度末までの3年間は赤字国債を自動発行することに合意してしまいました。さらに2016年から2020年まで5年間延長してしまったのです。ATSを無視するどころか廃棄したようなものです。

財政法第4条の完全なる骨抜きで、財政規律の崩壊です。これで赤字国債を減らさなくても首相のクビが飛ぶことはなくなりました。これでは首相も与党も、財政再建をしようとのモチベーションは薄らいでしまいます。

財政が破綻し、国民が地獄を見るよりは、首相のクビが毎年飛んだほうがよほどマシだと私は思います。ハイパーインフレが二度と来ないように先人が作ったシステムを、このようにして、ことごとく無効化してしまったのです。

安倍政権は史上最長の政権になりました。理由はアベノミクスという「あとは野となれ山となれ」政策が、今現在は成功しているように見えること。そして、この特例公債法延長のおかげだと思います。特例公債法の5年間の延長期間は2020年3月までです。

これを延長するか否かは、再度、長期政権が生まれるかの大変重要な要素です。政治的にも極めて重要な法案だということです。政治的な面でのコメントは控えますが、日本の財政のさらなる悪化を防ぐには、延長は絶対にダメです。1年限りの法案であれば、首相は必死に財政再建を考えざるを得なくなると思うのです。

❷「発行銀行券ルール」という警戒警報のとり外し

かつて日銀は、自発的に「発行銀行券ルール」というルールを定めていました。「日銀が保有する長期国債を、日本銀行券発行残高以内に収める」というのがその内容です。これは日銀が保有する長期国債の残高が日本銀行券発行残高を超えると、世間から「日銀がやっていることは財政ファイナンスだ」と見られてしまうことを恐れたために作られたものです。日銀自身がそう説明していましたし、マーケットもそう理解していました。

しかし、現在の長期国債保有額は469兆円で、発行銀行券107兆円の4・4倍にもなってしまいました。幸いにも「財政ファイナンスだ」と現在、騒ぎ立てているのは、私をはじめ、ごく少数にすぎません。マスコミやマーケットも鈍感になってしまいました。

そこで「これ幸い」と、この「発行銀行券ルール」を日銀は葬り去ってしまったのです。ただ、だからと言って、将来も騒がれないという保証はありません。

日銀が以前認識していたように「日銀は財政ファイナンスをしている」と思われれば、世界中の人たちが円を信頼しなくなるはずです。私は日銀や日本政府がいつまでも世界の投資家を欺きとおせるとは思っていません。

❸欧米では鳴り続ける警戒警報

米国では、財政破綻騒動がしょっちゅう起こります。そのせいで「米国の財政状況は、日本以上に悪い」と、いまだに誤解している方もいるようです。

しかし、米国の「財政破綻騒動」とは、「政府債務の上限額を引き上げないと、さらなる国債が発行できない。それなのに与野党間が紛糾して、なかなか上限引き上げの合意ができない」という騒動にすぎないのです。国債発行上限枠を定めているだけ、米国のほうがはるかに健全です。強烈なATS装置がついているということです。実際、米国の借金額は対GDP比104%にすぎません。

EUでは1992年に調印されたマーストリヒト条約で、「政府債務が対GDP比60%以内」という加盟条件をつけています。これを日本に当てはめると「累積赤字は330兆円以内に抑えなければならない」となります。

ところが現在、1111兆円もの累積赤字です。また同条約には「単年度の財政赤字額は対GDP比3%以下」という条件もあります。日本に当てはめれば「単年度赤字は16兆円しか認められない」のですが、2020年度政府予算案で32兆円もの赤字です。

2013年1月1日には欧州新財政協定で「対GDP比0・5%以下とする財政均衡義務を国内法に、できれば憲法レベルで定める。逸脱した場合は、是正メカニズムが発動され、当該国に制裁が科される」と、さらに厳しい条件が加わりました。日本に当てはめれば「2・5兆円までの単年度赤字しか認められない」のです。繰り返しますが、日本の2020年度政府予算案は32兆円の赤字です。

ギリシャ危機のとき、私は「(ギリシャの資金繰り援助のために)ギリシャの島を一つか二つ買ってあげればよい。そうすれば日本人もヨーロッパ人になれる。かっこいい」という冗談を「週刊朝日」のコラムに書きました。

しかし、ヨーロッパ人にはなれてもEUへの参加を申請すれば「こんな財政状況でなんだ。顔を洗って出直してこい」と言われるのがオチなのです。

さらに、スイス、ドイツでは憲法で「財政均衡」をうたっています。ドイツ憲法には「連邦および州の財政は、原則として、借り入れによる収入なしにこれを均衡させなければならない」とあります。「上位法は下位法を破る」の原則がありますから、最上位に位置する憲法で定めれば、均衡財政は強烈な義務となります。

「赤字国債の発行を許可する」なぞの日本の特例法は、ドイツでは憲法違反なのです。

また、ドイツには憲法裁判所があります。訴訟の対象にはなりにくい予算でさえも憲法裁判所では訴訟の対象にできるのです。したがって均衡財政を憲法化したドイツでは、赤字予算に対して強烈な監視機能が存在するのです。

日本の憲法に「財政均衡」条項があれば、今の状況は「死刑」に相当するくらいの憲法違反だと思います。

これらの国々に対して、日本が、なんと無防備かおわかりかと思います。「二度とハイパーインフレを起こすまい」という先人の知恵をことごとく無視してしまったのです。日本は歴史に学ばないというか、歴史を生かすことのできない国なのです。さらに言えば、昨今は外資系金融機関の日本国債保有が増えています。とはいうものの、他国に比べて外国人の保有割合は非常に低いのです。それは海外からのチェックが厳しくないということを意味します。自分たちは損しないのですから、「勝手にこければ」という話になってしまいます。その意味で海外からのチェックも利かないのです。

2012年のギリシャ危機のとき、EUはギリシャの債務問題で大騒ぎをしました。その結果、ギリシャに対する民間の債権は53%がカットされたのです。それは当時、ドイツやフランスの銀行が大量にギリシャ債券を持っていたため、ギリシャがこけると、自分たちの国にも金融システム危機が波及するからです。それゆえにギリシャの財務状況を厳しくチェックし、債権放棄までしてギリシャを助けたのです。

日本には厳しく財務内容を監視し、チェックし、いざというときには、（自分自身を守るためではあるものの）援助に乗り出してくれる外国はないのです。

第7章 政治が借金を解決しなければ、市場が解決する

❶借金が膨らんだ根本原因

もちろん警報器を切ったり、除去したところで、財政運営が健全なら借金など膨らみません。借金が膨らんだ根本原因は、景気低迷です。

日本の景気低迷は、日米の株価の動きに如実に表れています。株価は経済の体温計といわれるとおりです。平成元年末の日経平均は3万8915円で、史上最高値でした。それが、平成が終わる1カ月前の2018年度末には2万1206円と、平成の間に約半分になってしまったのです。

一方、NYダウは同じ期間に2753ドルから2万5929ドルと、9・4倍になっています。日本株は約半分、NYダウは約9倍なのです。株価の動きが示しているように平成の間の日本の経済成長は先進国中、断トツのビリなのです。

２０１７年度の名目ＧＤＰは５４７・４兆円でしたが、20年前の１９９７年度のＧＤＰも５３３・４兆円で、ほとんど変わっていません。経済全体の規模が大きくなっていないのなら、（もし人口が変わらなければ）一人ひとりも豊かになっていないはずです。

国民の間に景気がよくなった、豊かになったという実感がわかないのも当然なのです。財政赤字の極大化もこの経済低迷のせいだといえます。

令和２年度の予算では、史上最高の税収の63・５兆円を予定しています。令和元年は約62兆円の予想で令和２年度に次ぐようです。しかし、これまでの史上最大の税収は、狂乱経済と言われたあのバブルの末期、すなわち平成２年（１９９０年）の60・１兆円です。この１～２年は、多少とはいえ、当時を超す税収になるようです。

問題は、税収がほぼ同じの１９９０年度と比べて、昨今は歳出が69・３兆円から１０２・６兆円となってしまっていることです。税収はほぼ同じなのに歳出は48％も伸びています。これでは１１１１兆円もの赤字が膨らむのも道理です。

名目ＧＤＰが大きくなっていないのですから、税収は伸びません。名目ＧＤＰが２倍になれば、国民一人当たりも（人口が変わらなければ）２倍豊かになり、国も２倍豊かになる（＝税収が２倍になる）のが通常の姿です。その意味で、税収は名目ＧＤＰと比例するのです。経済規模が1・5倍なのに税収が2倍になるのなら、国民が怒ります。本来、国民も享受《きょうじゅ》すべき成長の果実を、国がより沢山持っていってしまうからです。すなわち経済が成長しなければ、税収は増えないのです。

税収は増えないのに、歳出はうなぎのぼり。ですから、その差を消費増税で賄おうとしたのです。これでは国民が怒るのは当たり前です。本来のあるべき姿は、名目GDPを2倍にし、所得を増やす所得倍増計画だったはずです。それにより税収も2倍になる。そうなれば歳出が2倍になっても、財政問題が生じることもなかったはずなのです。

この20年間で国内総生産（GDP）を2倍にするのは、難しいことではなかったと思います。他国が、いとも簡単に達成しているからです。日本が世界中のどの国にも後れをとる劣等国家のはずはありません。せめて世界平均なみの成長はできたはずです。それなら簡単にGDP2倍は達成できたはずです。

この低迷経済の原因は何か？　を突き詰め、それを修正すれば、国民は豊かになり、財政もここまで悪化はしていなかったはずです。それを考えるのが政治家のもっとも重要な仕事だと思っています。この部分を簡単にまとめると、根本原因は「日本が典型的計画経済国家で社会主義的経済運営がなされていたこと」、そして（それゆえにだと思いますが）「円が国の実力に比し、強すぎたせいだ」と思っています。

私のモルガン銀行時代の欧米人の部下は、ほとんど全員が「日本は世界最大の社会主義国家だ」と言って帰国していきました。日本で生活した経験から出た実感でしょう。「結果平等主義、大きな政府、規制過多」を修正しないといけないと思います。日銀があらゆる市場を牛耳る計画経済的経済運営の修正も非常に重要です。

デフレ脱却には（この20年間ずっと言い続けたように）穏やかな円安政策が必要だと思っています。為替は値段そのものです。経済がどんどん弱くなっているのに円が強くなれば、ポシャるのは当たり前です。商品の売れ行きが落ちたとき、商店が売り値を上げようとするようなものです。為替は最大の国益マターと言ってもいいと思います。政治家が「米国が反対する」とか言って尻尾を巻いて帰国するのは間違いです。政治家はここでこそ戦うべきだと思っています。政治の世界はわかりませんが、モルガン銀行時代、欧米人とかなり（下手な英語で）ケンカしました。ディーリングでアドレナリンが出まくっていたせいかもしれません。でも論理的でありさえすれば彼らは聞く耳を持ってくれます。

このような政策をとらなかったというか、原因分析さえしなかったがゆえに、財政赤字は、限界まで来てしまいました。そこで財政破綻をさせないように、日銀が異次元緩和と称して実質的に財政ファイナンスを始めました。

その結果、日銀がメタボになり、財務内容が極めて脆弱になってしまったのです。その意味で「財政危機」が「日銀危機」になりつつあるのです。

❷ 政治が変えなければ、いずれは市場が反乱を起こす

一橋大学学長や政府税調会長を務められた石弘光先生が、2018年8月25日にお亡くなりになりました。先生のインタビュー記事が2018年の「如水会会報」新年号の巻頭に載っています。最初に末期のすい臓がんにかかっていることを告白され、それでも「くよくよしない人生を送る」とおっしゃっていたのには、ただただ頭が下がりました。

その後の財政に関するご警告は、論鋒鋭く、財政学者としての矜持《きょうじ》にあふれたものでした。以下抜粋です。


「それはポピュリズムですよ。口当たりのいい政策ばかりを挙げたてて、人気とりと財政のばらまきでここまできた。それが、国と地方合わせてGDPの2倍以上の1000兆円超えにのぼる借金となったのです」「いやなことは全部先に延ばして、議論をしないです

まそういう腹積もりの政治家が多いですね。自分のときはやりたくないので、あとの人にやってもらえという考えです。まさにモラルハザードですね」「今後どうなるか、私は暗澹《あんたん》たる思いがしますね」「日本の政治家は、歳出カットでは選挙に立ち向かえないけど、ドイツはできるんですよ。くだらない歳出は、財政赤字が増えてインフレになると思うからね。外国に行って調査すると、その辺りがすごく違うと思うね。自分の税金が何に使われているか非常に気にする」

日本の政治に対して絶望視しているのが、よくわかります。政治が事態を変えられないのなら、市場が強引に変えていきます。だからこそ、私は近い将来、市場が日本(日本株、日本国債、円)売りという暴力的な動きをすると思うのです。その結果がハイパーインフレの到来です。円の暴落はハイパーインフレの強烈な引き金だからです。

コラム

市場人間は命を削って勝負している

私は、終身雇用制度真っ盛りの1985年、清水の舞台から3度飛び降りる覚悟で、三井信託銀行からモルガン銀行に転職しました。

以来、何度も大きな危機を経験しました。大損をして、あわや解雇されそうになったり、自己破産しそうになったりしたのです。

モルガン銀行に転職直後、大損を出し、当時の東京の資金為替部長だったドミニク・ジョージ氏に「お前は東京支店をつぶす気か？」と怒られたのが最初でした。

弟が勤めていた伊勢丹の年間純利益が60億円だった頃、純利益ベースで3日続けて30億円ずつ損を計上したときは、クビを切られるのを覚悟しました。湾岸戦争でのイラク侵攻に対する市場のリアクションを読み間違えたのです。

1987年秋の国債暴落の際は、ニューヨーク本部からの指示に対し猛烈に抵抗していたのですが、最終的に従いました。おかげで暴落直前に保有国債を売り抜けて命拾いしたのです。国債を取引していた銀行・証券のチーフ・トレーダーは、ほぼ全員が引責し市場から消え去ったほどの危機でした。「他人の意見を全く聞かないフジマキが今回だけは聞いた」とニューヨーク本部で話題になったそうですが、聞いていなかったらどうなっていたことかぞっとします。転職市場が未発達だった当時、東芝のサラリーマンの息子だった私は、継ぐべき家業もなく、路頭に迷っていたに違いないからです。

個人破産の危機も何度かありました。モルガン銀行退職後、レバレッジ（てこの原理）をかけて、自分の保有する以上の資金を米国株の上昇にかけていたのです。

ところが、ある日の真夜中、端末情報機器の示す米国株価が一瞬のうちに大幅下落したのです。それまで二十数年間のディーラー人生で見たことがないほどの下落スピードでした。

途中、失神して値動きを全部モニターできていなかったからかと思いましたが、どうも違うようです。何がなんだかわからず「ワー、自己破産だ」と、これ以上ないほどに落ち込みました。

家内アヤコの「昔は４畳半に家族４人で折り重なって寝ていたじゃない。そのときに戻るだけよ」との励ましで救われました。翌朝、端末情報会社の機械故障だと知ったときは「５年縮まった寿命を返せ！」と激怒しました。

ソロス・ファンドを業績不振でクビになった直後、著名ファンドマネージャーのドラッケンミラー氏から中近東の某国の超巨額資産の運用を打診されました。うまくいけば私も世界の大富豪になれるほどの報酬が提示されたのです。

ただ私自身の財産の８割をそのファンドに入れ、運命共同体になれとのことでした。

悩んだ末、断りました。人生をかけられなかったのです。これを契機にディーラーとして最前線に立つのはやめました。「自分の人生をかけるガッツがなくなればディーラー業は失格だ」と思っていたからです。

ただ、もし、この話に乗っていたら、その後の私の相場予想の外しぶりからして間違いなく、ファンドをクビになり、かつ自分の財産すべてを失っていたと思います。幸運でした。その意味での勝負勘は残っていたようです（苦笑）。

世界の市場には、かつての私のように、命を削りながら真剣勝負をしている人間が山ほどいます。政治家が危機的状況を命がけで解決しようとしないのならば、命を削りながら真剣勝負をしている人間が、市場を通してその矛盾を突くと思います。人はそれを「市場の暴力」と言うでしょう。しかし、それは「政治の怠慢の結果」なのです。

日銀は資産の評価損で債務超過に陥る

❶異次元緩和にブレーキはない

私は非伝統的金融緩和は「出口がなく最終的にハイパーインフレになるから絶対ダメ」と反対してきました。世界でハイパーインフレが起きたのは第1次世界大戦後、第2次世界大戦後、1980年代の金本位制からの離脱による「お金の刷りすぎ」時代です。

まさに異次元緩和は、その「お金を刷りすぎる」政策です。

異次元緩和をスタートしても、インフレを抑えるブレーキがあるのなら、私も反対などしません。しかし誰も、いまだそのブレーキを発見していないのです。だから当初から反対してきたのです。異次元緩和には出口がない、すなわち一度始めてしまうと、戻れないということです。ですから私は「ルビコン川を渡った」「インパール作戦だ（行きつくところまで行って全滅。それがわかっていても誰もやめる決断ができない）」と批判したのです。最近はこのフレーズを使う識者やマスコミの人が多くなってきたようです。

黒田日銀総裁は頭のよい方ですから、出口がないことはもうおわかりになっていると思います。国会での日銀総裁、副総裁の答弁がいかにインチキで頼りないかは、『日銀破綻』（幻冬舎刊）に書きましたので、そちらをお読みいただければと思います。

この章では、いかに日銀の資産が脆弱化し、そして出口がないのかを述べたいと思います。言い換えれば、「日銀が倒産するリスクがある」ということです。中央銀行は社会に必ず必要なインフラですから、正確に表現すれば「日銀を倒産させ、新しい中央銀行を作らねばならなくなるリスクがある」ということです。「そんな馬鹿な」という反応をよく聞きます。「中央銀行は絶対だ」という常識に基づく反応だと思います。

二十数年前に私が「マイナス金利が必要」と主張したとき、金融界で「フジマキは頭がおかしくなった」と言われたのと同じです。「預金すれば金利をもらえる」という常識から、あまりにかけ離れた主張だったからこその反応だったと思います。

日銀、欧州中央銀行がマイナス金利政策を採用したことにより、私は「頭がおかしい人間」から、「まともな人間」との評価に復帰できました。一部では、まだ「頭がおかしい」と考えている方もいらっしゃるようですが（苦笑）。

もっとも私の主張するマイナス金利政策は、黒田日銀の採用する「マイナス金利政策」とは異なります。

コラム 私の主張していた金利政策

（民間人でしたが）私は当初から、日銀の異次元緩和に大反対していました。そして「伝統的金融政策に固執しろ」と主張してきました。でも無視されてきました。伝統的金融政策とは「景気が悪ければ金利を下げ、よければ上げる」というものです。ゼロ金利になったあとは「即マイナス金利にせよ」と主張していたのです。預金金利も貸し出し金利もマイナスです。これは伝統的金融政策の延長線上にあるものです。金利の引き下げ先がプラスではなくマイナスになっただけです。伝統的金融政策は効果も副作用も検証されているのですから、伝統的金融政策に固執すべきだったのです。数直線は断絶していません。なぜプラス０・０１％がよくて、マイナス０・０１％がいけないのでしょうか？　そのとき「フジマキは頭がおかしくなった」と言われました。預金金利がマイナスとか貸し出し金利がマイナスというのは、世の中の人の常識に反していたからだと思います。唯一の合理的な反論は日銀幹部からの「マイナス預金金利にすると、タンス預金にまわるから効果がない」でした。

今、私が「（タンス預金のできる）現金をなくし、日銀デジタルにせよ」と主張しているのは、この合理的な反論に対する反論です。日銀デジタルとSuicaとかPASMOとの違いは、決済銀行が民間金融機関か日銀かの違いです。

たとえば日本人の18歳以上が全員、日銀に口座を持ち、決済はそこで行われるのが日銀デジタルです。もちろん日銀は、融資業務は行わないので、銀行は日銀から資金を借りて融資を行います。その意味では今の銀行は、定義上は「銀行」ではなくなり、「貸金業者」になります。

また今の黒田日銀の「マイナス金利政策」とは、長期国債の爆買いによって結果として長期金利をマイナスにすることですが、私の「マイナス金利政策」とは短期金利である「日銀当座預金の付利金利をマイナスにする」政策です。今の日銀は日銀当座預金の大部分にプラス0・1％を付利しており、マイナス金利にしたのは、ごく少額です。黒田日銀の「マイナス金利政策」は日銀当座預金残高を極大化する政策であり、私の主張するマイナス金利政策は日銀当座預金残高を極小化する政策になります。その意味で百八十度、異なる政策なのです。伝統的金融政策に固執していれば、日銀が政府の打ち出の小槌になり下がらず、金融政策はいまだ非常に効果的だったはずです。

マイナス0・01％で金融政策が効かなければ、マイナス1％にすればいい。それでも効かなければ、マイナス5％にすればいい。それでも効かなければ、マイナス50％にすればよいのです。預金をすると50％の金利をとられるのであれば、円預金などせずにドル預金をしたり株を買います。利子をとられるよりはと、消費も増えるでしょう。

借金をすると毎年50％もの金利をもらえるのなら、借金して家や工場を建てると思います。景気が急回復すれば、すぐプラスに戻せばいいのです。伝統的金融政策ですから、出口もあり副作用がないことも検証済みなのです。

❷必要な認識（1）　長期国債がウルトラ低金利なのは日銀の爆買いのせい

この章を理解していただくために、まずは押さえておいてほしい点を述べます。

通常、国債の価格は、経済のファンダメンタルズ（基礎的要因）で決まります。景気がよくなれば長期金利が上昇（＝価格は下落）、景気が悪くなれば、長期金利が下落（＝価格は上昇）するのです。その大枠の中で値段にブレを生じさせるのが需給要因です。いわば需給は相場の綾《あや》なのです。

ところが今は、日銀が長期国債市場で圧倒的な存在となってしまいました。日銀には市場原理が働いていません。異次元緩和実行のために儲かろうが儲かるまいが、長期国債を買うからです。経済のファンダメンタルズは、購入するか否かの意思決定要因に入っていません。日銀は「景気が悪くなり価格が上昇しそうだ。だから今、買っておこう。そうすれば儲かる」という発想で買うわけではないのです。

突然、市場の70％、80％を買う人、それも市場のファンダメンタルズを無視して買う人が出現したら、どんな市場でも価格は上昇（＝国債で言えば、長期金利は急落）します。

平成29年度の国の国債発行額は、１４１・３兆円。このうち、市場原理の働かない日銀が96・２兆円（発行額の68％）も市場から購入しています。平成27年度は国債発行額約１５０兆円に対して、日銀の購入は約１１０兆円（発行額の73％）です。

これでは国債価格が上昇（＝長期金利は急落）するのは当たり前です。

不動産住宅市場で考えてみてください。それまで日本の住宅に全く興味を持っていなかった中国人が突然、日本の住宅を買い始めたとします。年間の供給量は１４１・３万戸なのに、中国人が突然96・2万戸を買い占めてしまったら、価格は当然のことながら暴騰します。

逆に、その最大の買い手である中国人が購入を中止すると発表すれば、価格は暴落するでしょう。同じことが1998年12月に国債市場で起こりました。資金運用部ショックです。これは第10章で詳しくご説明いたします。

さらには、その中国人が売りにまわったらどうでしょう。暴落もいいところです。同じように、長期国債市場において日銀の存在が極めて巨大になってしまいました。この市場から日銀が撤退すれば、債券価格は暴落もいいところです。

2014年3月5日の参議院予算委員会での私の質問に対して、麻生太郎財務大臣は「これだけ大量に国債が発行されて、普通だったら、おっしゃるように信用がなくなったら金利が上がらなきゃおかしいですね。どうして下がるんですかね。これに対するお答えを答えられた経済学者ってまだ一人もいらっしゃらぬのですけれども、現実問題、我々が今まで起きたことがないようなことに直面しているんですよ」と答弁されました。

万が一、経済学者にはわからなくても、私にはすぐわかります。わからないのは側近の経済学者（?）だけでしょう。答えは、日銀が爆買いしたから。ピリオドです。私が金融界にいた頃（2000年3月まで）はほとんど国債など買っていなかった日銀が、突然爆買いをすれば価格が上昇（＝長期金利低下）するのは当然です。麻生大臣は中央銀行の爆買いの事実を忘れていらっしゃいます。

ちなみに、この分析をモルガン銀行時代の同僚の米国人が読んで「ニューヨーク・タイムズにも載っていない鋭い分析だ」とコメントをよこしましたが、私はちっとも鋭いとは思いません（笑）。市場人間には当たり前の話です。

❸ 必要な認識（2） 国債価格は誰も売らなくても下落しうる

「日本は誰も保有国債を売らない。売れば自分のクビを絞めるからだ。だから国債の値段は崩れるわけがない」と主張する学者がいらっしゃいました。参議院の調査会でいかにも「自分は専門家」という態度でお話しされたので、唖然《あぜん》としました。

まず第一に、長期金利は本来、ファンダメンタルズがもっとも重要な要因ですが、現在は日銀の爆買いのせいで、需給が価格（＝長期金利）を決定する要因となっています。これでは、まさに計画経済国家です。そんな状態がいつまでも続くわけがないのです。

この学者先生の理解不足は、毎年新発債が出ている事実を忘れていることです。

平成29年度に政府は141・3兆円の国債を発行していますが、その年に増える赤字は34兆円で、この分のお金は新発債として発行する国債で賄われます。

その他に、満期が来た国債の償還資金を作り出す必要があります。ただでさえ毎年赤字予算なのですから、元本返済にまわすお金はありません。これも国債を発行して調達しなければなりません。これを借換債と言います。

新発債と借換債の合計が、平成29年度の国債発行額141・3兆円なのです。

投資家が、満期が来た国債と同額の借換債を買ってくれれば「誰も保有国債を売らない」ことになり、借換債購入者の保有国債額には変化がありません。しかし、問題は新発債34兆円分です。誰かがその分を買い、保有額を増やしてくれなければ需給は崩れます。

どうしても需給のみで話をしたいのなら「誰も売らないから国債市場が崩れない」ではなく、「誰も売る人がおらず、かつ毎年新発債分を買い増してくれる人がいるから国債は崩れない」と話さなければならないのです。

現在、日銀は、公式には毎年80兆円ずつを買い増すと言っています。実際は80兆円よりだいぶ少なくなっています。今現在は外国人も買い増してくれているからでしょう。

もっとも外国人の買いは、ジャパンプレミアムで円を日本人より安く調達できるからで、極めて不安定な需要です。引くときは、さっと引いていってしまいます。そうなると大きな売り圧力が生じます。

外国人が購入をやめれば、日銀は（満期が来る分は、その保有者が再度買ってくれるという前提でも）新発債分を全部買い増していかなければなりません。こんなに低い金利では、新発債を買い増してくれる機関は他にないと思われるからです。

日銀は、今後インフレが起きようと起きまいと、何が起ころうと、新発国債分は購入し続けなければならないのです。お金は未来永劫《えいごう》に「天から降り続いてくる」のです。

ちなみに、この点を先ほどの学者先生に質問したら、回答は「フガフガ」でした。

❹日経平均がどれほど下落すると、日銀は債務超過になるのか

私が銀行員のときには、日銀は株など買っていませんでした。長期国債も不動産も同様です。金融政策で株を買っているのは、先進国では日銀以外にありません。

それは値動きが激しく価格が下落したとき、評価損が生じるからです。

金本位制時代は、中央銀行保有の金の価値が、中央銀行の発行する通貨の価値を担保していました。金本位制をやめ、管理通貨制度に変わった今も、中央銀行の財務の健全性が

「どうでもいい」わけがありません。金本位制時代に、保有していた金が偽物だとわかれば、その中央銀行の発行する通貨の価値は無に等しくなるはずです。それと同じです。

保有している資産の価値が暴落すれば、(それが担保していると考えられる)通貨の価値も暴落します。ハイパーインフレの発生です。ですから通常、中央銀行は株など値動きの激しいものは購入しないのです。

日清戦争の賠償金を、清は日本に英国ポンドで払いました。しかし、もし清国の中央銀行が何の資産も保有していないのに紙幣を刷りまくって、その自国紙幣を「賠償金」と称して日本に渡したとして、時の日本政府は受け取ったでしょうか？　当然ノーです。資産の裏づけのない紙幣など、紙切れ同然なのです。

2010年12月、日銀は株のETF(上場投資信託)購入を開始しました。当時私はブログに「1万円札の図柄は、今に福沢諭吉先生からトヨタ・レクサスに変わってしまうぞ」と揶揄したものです。日銀がETFを買い始めた2010年末の日経平均は1万228円で、現在の約半値。株価は基本、右肩上がりだったので下落時の心配をする人はあまりいませんでした。

しかし、今後は違います。2019年3月12日の参議院財政金融委員会で、日銀は「日経平均株価が1万8000円程度を割り込むと、日銀の保有ETFの時価が簿価を下まわる」と発言しました。2018年9月末の数値を元に計算したそうです。

そこで私も「保有ETFは1万8000円で評価損になることはわかった。他の条件が一定の場合、日経平均がいくらで日銀は債務超過に陥るのか?」と、3月25日の予算委員会で聞いてみました。黒田総裁は「国債の利息収入やETFの分配金等の収益など他にいろいろな要因があるから答えるのは適当でない」と答弁を避けられたのです。

数字が一人歩きしてしまうのを懸念するのは、よくわかります。

しかし「他の条件が一定ならば」という条件付きなのですから、わざわざ隠さなくても、計算は小学生でもできます。2018年9月末の2万4000円から1万8000円への下落で、7・2兆円の評価益が吹っ飛ぶと言っているのですから、日経平均1000円下落当たり1・2兆円の評価損の発生です。それならば、評価益7・2兆円と引当金・準備金の合計8・4兆円を合わせた15・6兆円が吹っ飛ぶのは1万3000円の下落、すなわち日経平均1万1000円レベルということになります。

他の条件があるといっても、2017年度の純利益が7600億円にすぎないことを考えれば、国債の利息収入やETFの分配金等の収益などのブレなど相対的に微々たるものです。

すでにここまで金利が低下していると（＝価格はすでに充分高い）、国債評価益の急増も考えにくいでしょう。「他の要因があるから」というエクスキューズは、「フジマキがいくら損するとフジマキ家は自己破産ですか？」との問いに対し「小学生の息子のお年玉という他の要素もあるので答えられない」と答弁するようなものだと思います。

リーマン・ショック後の２００８年株価の終値は８８５９円。もしリーマン・ショック級のショックが来て、株価が当時と同じレベルまで急落すれば、日銀は債務超過です。異次元緩和が始まる前年（２０１２年）末の日経平均は１万３９５円。異次元緩和が失敗し、株価がスタートラインに戻ったら、日銀は債務超過になってしまうのです。

そんなリスクを背負ってまで、日銀は株の世界に踏み込んでよかったのでしょうか？

❺金利がどれほど上がると日銀は債務超過になるのか

異次元緩和により、日銀が大胆に保有額を増やしたのは株だけではありません。長期国債の爆買いぶりがすごいのです。

私が金融マンだった１９９８年12月末の日銀の国債保有額は、52兆円にすぎませんでした。それも大部分が短期国債だったのです。ところが2013年の異次元緩和開始により、日銀は長期国債の爆買いを始め、今では国債保有額が480兆円（2019年9月末）、しかもそのうち長期国債は469兆円にも膨らみました。

債券保有額が大きくなると、価格低下（＝金利上昇）時の評価損の大きさが気になります。同じ1％の金利上昇でも、短期国債ではたいしたことのない損失が長期国債では巨額になるのです。金利上昇期の悪影響が長期にわたるからです。

私が参議院議員だったとき、2017年3月末の残高をもとに、金利がパラレルシフト（短期から長期まで同じだけ変化）したら、日銀はどれだけの評価損を被るかを日銀自身に聞いたことがあります。1％で24・6兆円、2％で44・6兆円、5％で88・3兆円、1980年4月のように11％も上がると140兆円とのことでした（次頁の図表2参照）。とんでもない金額です。国の年間予算額約100兆円と比べていただければ、いかにドでかい評価損かがおわかりいただけるかと思います。

質問したときの長期国債保有額が377兆円だったのですから、469兆円もの現在は、さらに莫大な評価損を被ることになります。引当金、資本準備金等は9・4兆円にすぎませんから、完全な債務超過です。

図表2　日銀のバランスシートから金利上昇時を考察

1998年12月末

資産	(兆円)	負債・資本金	(兆円)
金	0.4	発行銀行券	55.9
国債	52.0	日銀当座預金	4.4
その他		その他	
		引当金	2.9
		準備金	2.1
		資本金	0.0001
	91.2		91.2

2017年3月末

資産	(兆円)	負債・資本金	(兆円)
国債評価益 9.6兆円 全評価益 14兆円		発行銀行券	99.8
		日銀当座預金	342.7
		(うち法定準備預金 約9.4)	
国債	417.7		
(うち長期国債 377.1)			
		政府預金	21.7
貸出金	44.6	引当金勘定	4.5
		準備金	3.2
		資本金	0.0001
	490.1		490.1

◎国債金利が

1%上昇	**△24.6兆円**
2%上昇	**△44.6兆円**
5%上昇	**△88.3兆円**
11%上昇 (1980年4月)	**△140兆円**

小林喜光元経済同友会代表幹事が2019年7月3日付日経のインタビュー記事の中で、「もし金利が上がれば、不幸な事態に陥る。日銀は450兆円もの国債を抱え込む。時間に余裕はない。1～2年で金利を上げざるを得ない状況が来るかもしれない。決して無視できない金融リスクだ」とおっしゃいましたが、まさにそのとおりだと思います。

先に述べた一橋大学OBの勉強会「新三木会」で行った白川前日銀総裁の講演会（2020年1月16日）で、最後に「日銀はこんなに大量に国債を保有していて長期金利が上昇したら、莫大な評価損を抱えて債務超過に陥ると思うが、いかがか？」と質問したところ、「そのような事態を、今から真剣に考えなければならない」と回答され、「リフレ論に対し、そのような冷静な反対論が出てくるようになったことには健全性を感じる」ともおっしゃってくださいました。

❻株や債券の評価損は通貨に影響を与えないのか

債務超過とは民間でいえば、倒産状態です。「現在マイナス0・1～マイナス0・2%の長期金利が上昇を開始しても日銀は大丈夫か？」と議員時代に黒田東彦日銀総裁に何度も聞きました。国債の評価損は問題ないか、と聞いたのです。「日銀は償却原価法（簿価会計の一種）を使っているから評価損は関係ない。だから問題ない」の一点張りでした。

1億円で買った株の価格が10分の1の1000万円に下落しても、その株の評価を1億円に据え置くのが簿価会計。株価を1000万円に下げて9000万円の損を計上するのが時価会計です。

黒田日銀総裁のおっしゃるように、「時価評価で債務超過になっても、会社は簿価会計を採用しているので純資産（保有資産額＞負債額）のまま。だから安全だ」との主張がマーケットでとおるのなら、山一證券もリーマン・ブラザーズも倒産していません。

いくらその会社が簿価会計を採用し、簿価会計で決算をしても、マーケットは時価会計でその会社を評価します。特に少しでも危険な匂いを嗅ぎとれば、厳密な時価会計をして、危ないと思えばサーッとお金を引いていきます。自分のお金をなくしたくないですから、当たり前です。零細企業が10億円の借金をしてその借金で株を10億円買ったとしましょう。ところが買った株の値段が1億円に下がれば、投資家がその会社に危機感を抱くのは当たり前です。その会社が簿価会計をしていて、その会計基準にのっとれば、株の評価は10億円のまま。「ならば問題ない」という人は一人もいません。

その感覚は、中央銀行が相手でも同じです。日本国民は生活のために円が不可欠ですから円を使用し続けるにしても、外国人は、そんな中央銀行が発行する通貨（＝その中央銀行の負債）の受けとりを拒否するでしょう。それは円の暴落、ハイパーインフレを意味します。

❼日銀が償却原価法を使っているのは正しいのか

民間銀行には時価会計を強要している日銀自身が、自分には簿価会計を許しているのはおかしくないでしょうか？　日銀はルールに従った会計をしているにしても、「日銀の会計は償却原価法」というルール自体正しいのか、はなはだ疑問です。日銀の監督官庁ともいえる会計検査院は、この質問に答えるべきです。万が一、日銀が倒産する事態になったら、簿価会計を許し続けた会計検査院の監督責任も問われると思います。

日銀のホームページには「1998年に、財務の透明性を高め、経理基準の明確化を図る観点から、会計処理の原則と手続きを『会計規程』として定め、公表しました」とあります。また「一般に公正妥当と認められる企業会計の基準を尊重し」ともあります。その結果が簿価会計の一つである「償却原価法」なわけです。日銀は自ら定めた会計基準にのっとって会計を行っていますから、非難される筋合いはないとのロジックでしょう。

「一般に公正妥当と認められる企業会計の基準」とは「金融機関の債券保有」に関しては「満期保有目的の債券は簿価評価、途中売却のある可能性のある債券は時価評価」です。参議院議員時代に金融庁の遠藤俊英監督局長（当時）に質問したところ、2017年9月末で「地方銀行保有債券の96・4％が時価評価の対象になっている」とのことでした。入札後、すぐに日銀に転売し、鞘《さや》を抜くのを目的に入札に参加している（売買目的）のですから、時価会計適用は妥当です。民間では確かに「一般に公正妥当と認められる企業会計の基準」にのっとって会計を行っています。

問題は日銀なのです。「会計規程」を定めた1998年時点での日銀の保有国債は3カ月程度の短期国債ばかりでした。ですから満期保有はほぼ当然です。

長期国債も、ほんのごく少額買ってはいましたが、それは成長マネーの供給といって、経済が成長する分、国債を買って通貨を供給していたのです。そうしないと通貨不足でデフレになってしまいます。

言い換えると回収する必要のないお金であり、日銀は市中にその債券を売却する意図はなかったわけです。ですから償却原価法は妥当でした。

しかし異次元緩和を始めて以降、事態は著しく変わっています。現在、保有している国債の大半は長期国債で、満期まで保有し続けるとは到底思えません。景気が過熱したり、インフレ率が上昇しても、日銀は469兆円もの長期国債を満期まで保有し続けるのでしょうか？

売却すれば市場が大混乱に陥りますから、実際には確かに途中売却はできないでしょう。しかし理屈で言えば、インフレ加速時には保有国債を途中売却して、ジャブジャブに供給したお金を回収しないといけません。そうしなければ、インフレの加速を抑えることができないからです。

こう考えると、日銀の会計基準は、民間金融機関同様、時価会計にするのが筋だと思います。

❽日銀が時価会計を用いていたらどうなっていたか

日銀の会計がどうあるべきかは重要です。しかし、それ以上に重要なのは、たとえ簿価会計で純資産でも、時価会計で債務超過であれば、円は大暴落してしまうだろうという事実であり、その認識です。

今後の展開で注意しておかなくてはならない、最重要ポイントの一つです。

ただ、もし日銀が「時価会計」を採用していたら、黒田日銀は、ここまで長期国債を買い込まなかったのではないかと思います。日銀が頻繁に債務超過になっていたら、黒田総裁は即、胃をやられていたでしょう。日銀の資産内容が好転したり悪化したりで、為替も毎日シーソーのようにアップダウンしたと思うのです。

とはいえ、そのほうが中央銀行はその資産内容の健全性に注意し、市場価格が大きく変動する資産を持ってはいけないということを、関係者が皆、実感できたと思うのです。

少し脱線しますが、この問題にかかわらず、時価会計は重要な企業のガバナンスだと思います。米銀が１９９０年代に輝いていたのは時価会計の徹底が一つの理由だと、米銀に勤めていた私は思います。

❾景気がどうなろうが、日銀は評価損で債務超過となる

今まで述べてきたのは、株価や国債価格が下落して評価損が生じたときの日銀の債務超過です。景気がよくなれば長期金利は上昇（＝価格は下落）し、景気が悪化すれば、株価は下落します。景気がよくなろうと悪くなろうと、株か長期国債かどちらかの価格が下落します。どちらかが下落するならば、どちらかは上昇するわけで、問題ないではないか？

と思われるかもしれません。しかし、そうとも言えないのです。

まず景気がよくなった場合、長期金利は上がる（＝国債の価格は下落）ので保有国債に評価〝損〟が出ますが、株価は上昇するので評価〝益〟が出ます。

しかし、日銀は国債を滅茶苦茶に買い込んでいますから、国債の評価〝損〟は莫大です。株式の評価益では到底埋めきれません。

一方、景気が悪くなった場合、株価は下落し、評価〝損〟が生じます。しかし、このときは保有国債の価格は上昇（＝長期金利は低下）するでしょう。景気がよくなった場合と逆で、日銀は巨額の国債を保有しているのですから、その評価〝益〟で、株式の評価損を相殺《そうさい》、それ以上に、かなりの評価益が出ると思われる方もいるかもしれません。しかし、そう、うまくはいきません。

長期国債の利回りは本日現在ではゼロ％に戻ったものの、この数カ月間はマイナス金利圏内でした。となると、もう価格的には天井に近いと思うのです。これ以上、景気が悪くなっても国債価格は上昇（＝長期金利は低下）しないと思います。要は国債の評価〝損〟は大きく出るが、評価〝益〟は、そろそろ限界に来ているということです。

少し専門的になりますが、私が「今、国債を売るのは、プットオプションを買うようなものだ（値が上がるときの損は限定的で、値が下がると利益は巨大になる）」と言っているのは、そんな理由からです。話が難しくなるのでオプションの話はここではしませんが、もし興味のある方は『改訂新版　藤巻健史の実践・金融マーケット集中講義』（光文社刊）をお読みください。某メガバンクが新入行員用に大量購入をしてくれていた本です。

そもそもマイナス金利とは市場原理（儲かるか損するか）で行動しない日銀のような機関が存在しないと出現しません。マイナス金利で購入し満期まで持てば、必ず損をしてしまうからです。高値で途中売却しない限り、損が発生してしまいます。

確実に転売先が見つからなければ、怖くて購入できるものではありません。

今は市場原理の働かない日銀が、マイナス金利で買ってくれます。入札でマイナス金利で国債を取得した機関も、より深いマイナス金利（＝値段的にはより高い価格）で購入してくれる機関がある限り、キャピタルゲイン（売買差益）をとれます。しかし買ってくれる人がおらず、満期まで持たされれば、損をしてしまうのです。そうなったら、まさにババ抜きです。

これ以上長期金利が低下すると、それこそ、さらなる長短金利差の縮小で、地域金融機関が立ちゆかなくなります。ですから長期金利の深掘りを、日銀はもうできないと思うのです。日銀が深掘りしないのなら、今まで述べてきた理由で、さらに大きなマイナス金利など出現しっこないのです。そして日銀が購入をやめれば、長期金利は跳ね上がるでしょう。

それが「国債の評価〝損〟は大きく出るが、評価〝益〟は、そろそろ限界に来ている」と申し上げた理由です。

景気が悪いときは、株の評価〝損〟が日銀のバランスシートを直撃するのです。

ちなみに、いくら日銀には市場原理が働かないといっても、そうむやみにマイナス金利の債券を買いまくるわけにはいきません。満期まで持てば損失になるのは、日銀とて同じだからです。損をすれば税外収入として計上される、日銀から政府に収めるお金が減ります。税金が多く必要ということになって、国民の負担が増すからです。

第9章

日銀は実現損の垂れ流しで、債務超過になることも

❶保有資産の評価損だけから起こるのではない日銀の債務超過

景気がよくなっても悪くなっても、日銀の資産に〝評価損〟が出て債務超過に陥る可能性はおわかりいただけたと思います。

30年以上のディーリング・リスクテイクの経験からして、〝評価損〟だろうが〝実現損〟だろうが、市場は同じようにとり扱うだろうと思います。それでも黒田総裁は頑強に「〝評価損〟が出ても日銀には問題がない」とおっしゃいます。

「〝評価損〟の可能性がある。〝評価損〟は問題だ」などとしゃべったら、翌日、市場がパニックに陥ってしまうでしょうから、そう発言されるのは、致し方ないかもしれません。

黒田総裁のおっしゃるように「〝評価損〟でも市場が無視してくれる」と大胆に仮定して

も、〝実現損〟で債務超過になってしまえば、黒田総裁も「市場が無視してくれる」とはさすがに言い張れないでしょう。

異次元緩和という非伝統的金融政策に手を染めた以上、日銀が損の垂れ流し（これを通貨発行〝損〟、負のシニョリッジといいます）になる、そして債務超過になる可能性は充分すぎるほどにあるのです。そのとき、円や日本はどうなるのでしょうか？　ここからは日銀の〝実現損〟による損の垂れ流し、債務超過の可能性についてお話しいたします。

❷FRBの利上げ手法

日銀が異次元緩和を始めたときも、ＦＲＢが異次元緩和を始めたときも、多くの人たちは「異次元緩和を始めたら、どうやって利上げをするのだろう？　金融引き締めの方法はあるのだろうか？」と不思議に思っていました。歴史的には、利上げだけでなく、いかなる金融引き締め方法も見つけられず、ハイパーインフレになってしまったのですから、重大な関心事でした。でも日銀もＦＲＢも、金融引き締め方法を明確にせず、見切り発車をしてしまったのです。出口を検討することなく開始するなんて「無責任もいいところ」でした。「あとは野となれ山となれ政策だ」と私がいつも言う理由です。

しかし、さすがFRB、利上げの方法を見つけ出したのです。私がいくら考えても思いつかなかった方法だったので、私は兜《かぶと》を脱ぎました。

それは、日銀当座預金に相当するFRB当座預金への付利金利を上げていく方法です。FRBは2019年後半こそ3回続けて利下げをしました（現在の政策金利は1・50〜1・75％）が、その前は、2015年12月に0・0〜0・25％だった政策金利を9回にわたって2・25〜2・50％まで引き上げたのです。

FRBがFRB当座預金への付利金利を0・75％から1％に上げたら、JPモルガン・チェース銀行がIBMに0・5％で融資を行うことはあり得ません。信用リスクや面倒くさい審査などをしなくても、FRB当座預金に資金を預けておくだけで1％の金利をもらえるからです。IBMへの投資は1％以上になるに決まっています。

伝統的金融政策を放棄した以上、これ以外の方法で短期市中金利を高め誘導する方法はないでしょう。少なくとも世界中で誰も他の方法を発見していません（厳密に言うと預金準備率の引き上げが考えられますが、これも実務的に無理です。専門的になるので省きます）。FRB当座預金の付利金利を上げていくということは、JPモルガン・チェース銀行等の民間金融機関への金利支払いが増えていくということです。FRBの収益のほうは

図表3　FRBの利息の推移

	2015年	2016年	2017年	2018年
受取利息	1136億ドル	1111億ドル	1136億ドル	1123億ドル
支払利息	72億ドル	132億ドル	292億ドル	430億ドル
純利息	1064億ドル	979億ドル	844億ドル	693億ドル

保有米国債やＭＢＳ（モーゲージバック証券。不動産担保証券）ですが、長期固定金利なので受取利息は毎年大きく変わることはありません。

収益は増えずに支払利息だけ増えるのですから、ＦＲＢの純利息は利上げとともに縮小していきます。実際、ＦＲＢの収益は利上げが進んだ２０１５年から２０１８年にかけて１０６４億ドル、９７９億ドル、８４４億ドル、６９３億ドルと急速に減少していきました（図表３参照）。受取利息がほとんど変わらず、支払利息が増えていったがゆえの純利息の減少です。

しかし、さすがＦＲＢ。収益は巨大です。２０１５年の純利息は１０６４億ドル（約11兆６０００億円）、２・２５〜２・５０％まで引き上げた２０１８年でも６９３億ドル（約７兆５０００億円）あります。

なお２０１８年の純利益は６３１億ドル（約６兆９０００億円）ですから、純利息（受取利息−支払利息）６９３億ドルがＦＲＢ

の収益の根幹で、これから多少の経費を引いたものが、FRBの純利益と言えるでしょう。

ちなみに純利息こそが、通貨発行益（シニョリッジ）と言われているものです。

ここで注目しておきたいのは、利上げとともにFRBの収益は減少していったということです。金利支払いが大きく増えるからです。その一方、受取利息はたいして増えません。固定金利なのですから当たり前です。異次元緩和の出口に起こる現象です。

❸当座預金への付利金利引き上げは、日銀では大問題

FRBの財務は利上げに耐えられますが、日銀の場合はどうでしょう？　FRBの純利息は利上げ開始前の2015年で約11兆6000億円と、巨額でした。一方、日銀の経常利益は2016年度（2017年3月末決算）で、たった1兆952億円にすぎません。FRBの10分の1です。

日銀は利上げをまだしていませんし、日銀当座預金は、2017年3月末時点で342・7兆円と巨額ですが、大半には0・1％の金利しか支払っていませんから、支払利息もたったの1873億円です（図表4参照）。

支払利息が少ないのに、経常利益が米国に対して極めて小さいのは、保有国債からの受

図表4　日本銀行B/S

1998年12月末

資産	(兆円)	負債・資本金	(兆円)
金	0.4	発行銀行券	55.9
国債	52.0	日銀当座預金	4.4
その他		その他	
		引当金	2.9
		準備金	2.1
		資本金	0.0001
	91.2		91.2

2017年3月末

資産	(兆円)	負債・資本金	(兆円)
利息収入 1兆1869億円		発行銀行券	99.8
		日銀当座預金	**342.7**
		(うち法定準備預金 約9.4)	
国債	417.7	**支払利息 1873億円**	
(うち長期国債 377.1)			
平成28年度 平均残高 394.1 **利回り 0.301%**		政府預金	21.7
		引当金勘定	4.5
		準備金	3.2
貸出金	44.6	資本金	0.0001
	490.1		490.1

2016年度 **経常利益　1兆952億円**

日銀の経常利益はFRBの10分の1!

取利息が1兆1869億円と少ないからです。FRBとの収入の大きな差は、FRBの保有国債とMBSの利回りが3%近くあるのに対して、日銀保有国債の平均利回りがとても低い点にあります。

平成28年度で0・301%です。最近ではマイナス金利の国債まで買っていましたから、さらに下がっているはずです。

FRBは政策金利を2・25〜2・50%まで引き上げた2018年でも、7兆5000億円もの純利息が残りました。支払利息のほうは2015年の7800億円から4兆7000億円にまで急増しましたが、受取利息が充分大きかったからです。

さて日銀のほうはどうでしょう。

日銀当座預金残高は、2019年9月末で408兆円あります。ここへの付利金利を1%引き上げれば、年間4兆800億円の支払利息増です。FRBのように2・25%上げたら、1年間の支払利息は9・2兆円も増えてしまいます。

受取利息のほうはFRB同様、ほとんど増えないでしょう。保有国債は大部分が長期国債で、私が金融マンのときのような短期国債ではないからです。短期国債なら満期が来るたびに高い利回りの債券に替わり受取利息は増えますが、長期国債は固定金利だからです。

ＣＰＩ（消費者物価指数）が２％になれば、インフレ加速を抑えるために短期金利は２・２５％まで上げざるを得ないでしょう。そうすると現在の純利益１・１兆円から９・２兆円少ない８・１兆円のマイナス、すなわち８・１兆円の損失になってしまいます。９・４兆円の引当金勘定＋準備金は１年間で枯渇してしまいます。１年以上２％前半の政策金利が続いたり、インフレが予想以上に進み、政策金利を３％とか４％へと上げねばならなくなったら、日銀はとたんに債務超過になるのです。

要は、保有国債の利回りと日銀当座預金の付利水準が逆ザヤとなり、その累積でいずれ債務超過に転落するということです。観念的には、この逆ザヤの累積額と、時価評価の損失額が一致します。通貨発行損（負のシニョリッジ）の累積額が評価損ということです。

これで「ＦＲＢの利上げが順調にいっているから日銀も大丈夫だ」とは言えないことがおわかりかと思います。

さらに言えば、ＦＲＢは、今は利上げができますが、さらに利上げをして支払金利が増加していくと、ＦＲＢでさえも債務超過に陥ってしまう可能性があります。引き締め手段をすべて失った日銀よりはよほどマシですが、ＦＲＢといえども万全というわけではないのです。

日銀に比べれば子供のような異次元緩和ではありましたが、それでもFRBも異次元緩和を実行したことにより、巨大なコストを払わざるを得なくなるリスクを負ってしまっているのです。FRBは充分、それを自覚していると思います。したがって2019年はトランプ大統領の言いなりになって、引き締め政策を中断しましたが、今後は、早め早めの引き締め政策をとると私は思うのです。

❹黒田総裁答弁のインチキ

前項の内容を黒田日銀総裁に国会で何度もぶつけ、「利上げの際の日銀の損益シミュレーションを出せ」と要求しましたが、私が落選したせいで逃げられてしまいました。黒田総裁は「いろいろなシナリオが考えられるから」と提出を断ったのですが、私の要求は「日銀が債務超過にならないケースを一つでも教えてくれ」だったのです。

FRBは2013年夏、「金利が上がっても2015年までに量的緩和をやめれば赤字に陥らない」との内容のスタッフペーパー（機関の正式文書ではないが、機関の職員がその地位を明示したうえで公示した書類）を公表し、実際に2年半後の2015年12月に利上げをしています。「同じようなペーパーを出せ」と要求しているのですから、理不尽な要求ではなかったと思います。それでも黒田総裁は提出を拒否しました。
もっとも私も、提出すれば、明日、銀行でのとりつけ騒ぎが起きる可能性があるので「出せないだろうな」とは思っていました。その出せない事実をもって、今の日銀の異常さを国民の皆様にお示しして、各自で準備をするように訴えたかったのですが、マスコミは一度もニュースとしてその質疑をとりあげてくれませんでした。
確かに有力新聞紙やテレビが大きくとりあげれば、とりつけ騒ぎが起きるかもしれず、マスコミもそれを怖がったのかもしれません。しかし、この本を読んでくださる方は、その事実を充分頭に入れておいていただきたいと思います。
黒田総裁や若田部副総裁は「短期金利が上がれば長期金利も上昇する。したがって受取利息が増えるから大丈夫だ」といつも答弁されたのです。嘘つけ！ です。私の金融マン時代と異なり、日銀保有の国債は長期の固定金利なのです。2019年9月末現在で、
日銀保有利付国債合計：463・5兆円
うち、固定利付債：457・3兆円
日銀の保有国債のうち、98・7％が固定金利ということです。
受取利息は、長期国債が満期になり金利の高い新しい国債に切り替わるまで増えません。

前項で見たとおり、短期の政策金利を上げていったFRBの受取利息も2015年から2018年までほとんど増えていないのです。それと同じです。

日銀保有の国債のうち、今後1年間で満期になる国債残高はいくらあるのか、国会で聞いたことがあります。たったの54兆円でした。いつからの1年間だったか、はっきり覚えていないのですが（議事録をめくればわかるのですが）、要は1年間で54兆円分しか高い金利の国債に切り替わらないのです。この54兆円すべてが年初に満期が来て新しい金利になると仮定しても、1％の金利の上昇で5400億円、2％で1兆800億円です。

実際は1年間通してばらばらと満期が来るでしょう。1年間で均《なら》して満期が来るとすると、満期が来る国債の平残は27兆円。27兆円×1％で2700億円、2％で5400億円にすぎません。年初に日銀が2％の金利引き上げを行うなら、受取利息は5400億円しか増えないのに、支払利息は日銀当座預金残高が408兆円（2019年9月末）あるので、8兆1600億円にもなるのです。黒田総裁の「短期金利が上がれば長期金利も上昇する。したがって受取利息が増えるから大丈夫だ」との答弁が、いかにインチキかおわかりになると思います。

郵　便　は　が　き

料金受取人払郵便

代々木局承認

6948

差出有効期間
2020年11月9日
まで

1 5 1 8 7 9 0

203

東京都渋谷区千駄ヶ谷 4 - 9 - 7

（株）幻 冬 舎

書籍編集部宛

1518790203

ご住所　〒
都・道
府・県

フリガナ
お名前

メール

インターネットでも回答を受け付けております
http://www.gentosha.co.jp/e/

裏面のご感想を広告等、書籍の PR に使わせていただく場合がございます。

幻冬舎より、著者に関する新しいお知らせ・小社および関連会社、広告主からのご案内を送付することがあります。不要の場合は右の欄にレ印をご記入ください。　不要 □

本書をお買い上げいただき、誠にありがとうございました。
質問にお答えいただけたら幸いです。

◎ご購入いただいた本のタイトルをご記入ください。

『　　　　　　　　　　　　　　　　　　　　　　　　』

★著者へのメッセージ、または本書のご感想をお書きください。

●本書をお求めになった動機は？

①著者が好きだから　②タイトルにひかれて　③テーマにひかれて
④カバーにひかれて　⑤帯のコピーにひかれて　⑥新聞で見て
⑦インターネットで知って　⑧売れてるから／話題だから
⑨役に立ちそうだから

生年月日	西暦　　　年　　月　　日（　　歳）男・女			
ご職業	①学生	②教員・研究職	③公務員	④農林漁業
	⑤専門・技術職	⑥自由業	⑦自営業	⑧会社役員
	⑨会社員	⑩専業主夫・主婦	⑪パート・アルバイト	
	⑫無職	⑬その他（　　　　）		

このハガキは差出有効期間を過ぎても料金受取人払でお送りいただけます。

ご記入いただきました個人情報については、許可なく他の目的で使用することはありません。ご協力ありがとうございました。

コラム　若田部副総裁の答弁もインチキ

以下2019年5月16日参議院財政金融委員会で私が「日銀当座預金の付利金利を上げていくと損の垂れ流しになるじゃないですか？」と聞いたときの若田部副総裁の答弁議事録です。私が今まで書いた内容を理解したうえで、読んでみてください。巧妙なゴマカシがおわかりになるかと思います。

だから私は「本当に安心していいのなら利上げしても損の垂れ流しにならないシミュレーションを一つでもご提示ください」と主張したのですが、頑として受けつけません。一つも作れないからだと思っています。

○参考人（若田部昌澄君）　確かに、いわゆる出口の際に付利金利を引き上げるようなことをするならば、日銀当座預金に係る支払利息が増加しまして収益を下押しすることになります。しかし、その収益下押しの程度というのは、これは状況によりけりでございまして、付利金利の引上げのペース、あるいはバランスシートの規模などによって、また大きく異なってくるものでございます。

他方、将来、経済、物価情勢が好転し、そして付利金利を引き上げるというふうな場合におきましては、長期金利も相応に上昇するというふうに考えられます。

したがって、日本銀行の保有国債については、より高い利回りの国債に順次入れ替わっていくため、受取利息が増加するということも生じます。

その際、再投資をすることによって受取利息の改善をするという効果が、今度は償還を迎える国債及び新たに買い入れる国債の年限構成や金利水準、再投資の規模などに依存するということでございます。

第10章 日銀が債務超過になったら、円は大暴落

❶日銀が債務超過になったらどうなるか

前章で見てきたように、景気がよくなっても悪くなっても、保有資産の評価損で日銀は債務超過に陥ります。しかし、民間と違って評価損で債務超過になっても日銀とその発行する円の信用は失墜しない、と主張される方がいらっしゃいます。

黒田総裁もそう主張されています。もっとも、黒田総裁の場合は、立場上、そう言わざるを得ないのだと思いますが。

総裁以外で、そのような主張をされる方はマーケットの怖さを知らない方だと思います。自分のお金で考えてみてください。某国の中央銀行が債務超過に陥ったとき、その国の中央銀行が発行する通貨を保有しようと思いますか？　私なら絶対に思いません。それと同じです。外国人は円を保有したいなどとは思わなくなるでしょう。莫大な円を渡して初め

て、ほんの一握りのドルをくれるにすぎません。円の暴落です。

百歩譲って、「評価損で債務超過になっても、日銀とその発行する円の信用は失墜しない」という主張を受け入れたとしましょう。

中央銀行が簿価会計でも債務超過になったらどうでしょう？　前項で述べた利上げにより「損の垂れ流し」が続き、ついに債務超過になる場合です。

債務超過は民間では倒産状態です。そんな中央銀行が発行する通貨など、さすがに誰も信用しないと思います。円の暴落、ハイパーインフレです。

ノーベル経済学賞を受賞した米国の経済学者クルーグマン博士は以前、「インフレにするには、日本銀行が信頼を失うことが大事」と言っていました。

日銀の債務超過は信頼を失う最たるものですから、円の暴落（＝ハイパーインフレ）です。日銀が債務超過になったら、政府が資本投入すればいいではないか、と考える人がいるかもしれません。確かに、予算が黒字であり、一度資本投入をすれば、日銀が再度債務超過になる事態が避けられそうなら、円の暴落は起こらないと思います。

しかし、現実問題として日本の予算は毎年三十数兆円の赤字です。この三十数兆円の他に、日銀への資本注入分の調達が必要になります。今、国債の買い手は日銀と外国人だけと言っていいでしょう。日銀への資本注入分の国債を日銀が買いとって政府に渡し、そのお金を政府が日銀に注入するのでしょうか。なに、それ？　の世界です。そんなことしても、世界が円への信認を復活させるとは到底思えません。

蛇足ですが、国会での私との答弁で黒田日銀総裁は、しぶしぶ、しかも一時的かもしれないが、と前置きしたうえで、損失の発生の可能性を認めています。その際、もし政府が補塡《ほてん》することになれば、それは予算行為です。国会の承認が必要な予算行為が予見されるのに、その承認前に、日銀が勝手に、それを前提とした行動をとっていいのか？　という疑問も私は持っています。

❷スイス国立銀行が債務超過になっても信用失墜しなかったワケ

最近ではスイスの中央銀行・スイス国立銀行（ＳＮＢ）が債務超過に陥ったことがあります。しかし、そのときスイス国立銀行も、スイスフランの信用も失墜しませんでした。「だから日銀も大丈夫だ」と言う人がいますが、ＳＮＢのケースは特殊です。「ＳＮＢが大丈夫だったから日銀も大丈夫」というわけにはいきません。

スイスフランが強くなりすぎたので、ＳＮＢはユーロ買い、スイスフラン売りの為替介入を行い、スイスフラン高を防止しようとしました。しかし、その勢いは止まらず、購入したユーロ（保有資産）の価値が下がってしまったのです。保有資産の評価損による債務超過です。

それでも、SNBの権威もスイスフランの価値も失墜しませんでした。なぜなら、SNBが債務超過になったとの理由で、その発行する通貨（スイスフラン）の価値が下落すれば、SNBの保有資産であるユーロの価値が上昇するからです。債務超過は即座に解消されます。したがってSNBの債務超過は、マーケットで問題にされなかったのです。

一方、日銀に予想される債務超過は、その性格が全く違います。円が下落しても、債務超過が簡単に解消されるわけではありません。日銀とその発行する通貨・円の信用失墜は間違いないと思います。

❸インフレになると、日銀はばらまいた資金の回収もできない

景気が過熱してくると、中央銀行は金融引き締め策として「政策金利の引上げ」と「ばらまいた資金の回収」をしなければなりません。黒田日銀総裁も、国会でそう述べています。政策金利の引上げが難しいことは、今まで充分述べたつもりです。それでは「ばらま

いた資金の回収」はうまくいくでしょうか？

２０１９年10月初旬に発売された「サンデー毎日」に、毎日新聞専門編集委員の倉重篤郎さんが立憲民主党の枝野幸男代表と安住淳元財務大臣にインタビューした記事が載っています。

その中で安住さんは「私が財務相のとき（11年9月〜12年10月）は白川氏（方明・前日銀総裁）と阿吽《あうん》の呼吸で70兆から80兆円を市中にばらまいたが、それでも米国のグリーンスパン氏（元ＦＲＢ議長）からはやりすぎだと警告された」と回想されています。

80兆円でグリーンスパン氏から警告を受けたようですが、現在（２０１９年9月末）は、なんと発行銀行券で１０７兆円、日銀当座預金４０８兆円、計５１５兆円も、ばらまいています。回収はきわめて困難です。ばらまきの結果、日銀のバランスシートは５７０兆円にもなっています。名目ＧＤＰ５４８兆円の１０４％にもなります。

他の中央銀行のバランスシート規模は対ＧＤＰ比でせいぜい25〜35％ですから日銀は断トツのメタボです。ＧＤＰ（経済規模）に比して、断トツに資金を銀行間市場にばらまいているのです。この状態から資金を回収するのは大変です。

一時、金融引き締め方向に入ったＦＲＢは、最初、保有債券を売却して資金を回収しようとしました。金融引き締め時には、金融緩和時と逆の取引が必要です。緩和時の現在は「債券を民間金融機関から買いとって、その代わりにお金をFRB当座預金に入金している」のですから、逆のオペレーションとは「民間金融機関に債券を売却して、その金額をFRB当座預金から差っ引く」ことです。

しかし、そんなことをすれば市場が大混乱（＝長期金利が暴騰）するとの懸念が強まり、国債売却をあきらめたのです。採用した手法は「満期待ち」。満期が来た債券の償還金はFRBに戻ってきますが、その資金を借換債の購入に充てない、すなわち満期が来た時点で保有債券の額を減らすという方法です。その間に急速に資金回収の必要が生じないことを願いながら、です。ちなみに実務的には、満期時、満期債券の元本額分、政府がFRBに持っている政府勘定の残高を減額するという方法をとります。

国債の発行額のせいぜい10％しか買っていなかったFRBでさえ、予定されていた「国債の途中売却」をあきらめ、全額「満期待ち」としました。中央銀行と、裁定取引目的の外国人以外に買い手のいない日本国債と違い、米国債の場合は、FRBの他にも外貨準備として購入する中国政府、日本政府、その他多様な米国債購入希望者がいるのに、FRBは怖がったのです。

一時は発行市場の70〜80％を買っていた日銀に、「国債の途中売却」などできるわけがありません。国債市場において、日銀は現在「4番バッター兼エース兼監督兼球団オーナー」のようなものです。その日銀が退団したら、その野球チームはどうなるのでしょうか？　市場は大混乱で、価格暴落（＝長期金利暴騰）です。要は、日銀に保有国債の途中売却などできるわけがないということです。いくらインフレが加速しても、ジャブジャブの資金を回収できないのは明らかなのです。

なお「景気がよくなり融資が増えると日銀当座預金が減る」という方がいらっしゃいますが、誤解です。A銀行の日銀当座預金が減ってB銀行の日銀当座預金が増えるだけです。日銀当座預金が減るのは、先ほど述べたように、日銀が保有国債を市中に売却するか、海外に資金が逃げていくときだけです。

❹1998年の資金運用部ショックとは

1998年12月、当時の日本国債の最大の買い手だった大蔵省資金運用部が購入中止を発表したとたん、長期金利は0・6％から2・4％に急騰しました。売却したのではありません。購入中止の発表だけで、です。大慌ての大蔵省は購入再開を発表し、コトを収め

図表5　資金運用部ショック(1998年12月)

1998年度の国債発行額(実績)

		うち運用部引き受け	
新発債	34.0兆円	11.0兆円	
借換債	42.4兆円	4.2兆円	
合計	76.4兆円	15.2兆円	$\left(\frac{15.2}{76.4}=19.9\%\right)$

ました。

もし、本当に中止していたら、さらに金利は急騰していたでしょう。しかも当時の資金運用部は上の図表5を見ていただくとわかるように、最大参加者といっても、市場のたった20%しか購入していなかったのです。

現在の日銀は一時70~80%を購入していたのです。日銀が購入をやめるときの衝撃は想像を絶します。さらに言えば、1998年当時、市場には、「もし国債市場が大崩れすれば、日本の危機だ。法律を変えてでも日銀が資金運用部に代わって国債を引き受けるだろう」という期待があったのです。「日銀、最後の砦《とりで》」論です。しかし、今は最後の砦の日銀自身が国債の爆買いをしているのです。最後の砦が日銀ですから、最後の最後の砦などはないのです。

購入中止発表だけでこうだったのですから、資金運用部といえども、途中売却などしたらとんでもないことになっていたでしょう。そんなことをしたら、1998年のロシア危機のように金利は80%くらいまで上昇したのではないかとさえ私は思っています。

このことからしても、日銀の保有国債の途中売却は不可能です。インフレが加速していっても、ジャブジャブ状態の資金を回収できないということです。

満期待ちしか選択肢はありません。今、10年国債を中心に30年国債、40年国債を日銀は爆買いしています。10年後、30年後の満期が来るまでに、景気が過熱して資金回収をするような事態にならないことを祈るしかありません。この点からもインフレ加速時のブレーキはないと言えるのです。

❺インフレが加速したとき、ばらまき資金を回収すれば株価も暴落

2018年10月初旬、米国株価の下落を契機に、世界の株価が大きく下落しました。「世界同時株安」とマスコミは表現しました。これは、FRBの異次元緩和からの撤退に伴う現象だったのです。

このとき、FRBは米国債の爆買いを終え購入量を減額しました。満期が来た保有国債約2400億ドル(約2兆6000億円)の全額を再投資せず、再投資額を減らしていくこ

とにしたのです。大口購入者だったＦＲＢが購入量を減らしたのですから、需給から国債価格は下がり（＝金利上昇）ました。それを理由に景気の下押しを予想した市場で、株価が下落したのです。ＦＲＢがバランスシート（ＢＳ）をほんの少し縮小するだけで、これだけの衝撃だったのです。

ＦＲＢの出口でこれだけの衝撃があったのですから、日銀の出口ではどれだけの衝撃があるか想像するだけで恐ろしくなります。

この経験からすると、もし日銀がＢＳを縮小しようとすれば、強烈な株価下押し圧力が働くと思います。その点からも、日銀のばらまき資金回収は難しいと思うのです。

第11章

何を契機にXデーは訪れるか

❶新型コロナで景気が悪化したとき

２０２０年2月28日、日経平均株価は前日比８０５円安で取引を終えました。2月23日の週の１週間で２２４３円もの下落。これは、週間ではリーマンショック直後以来の大きな下げ幅です。もちろん新型コロナウイルスを起因とする下落です。

私が今まで想定していたXデー勃発のメインシナリオは、消費者物価指数（ＣＰＩ）2％の達成、そこで「資金繰り倒産を回避するために、異次元緩和の継続を主張する」政府と、「公約達成だからやめると主張する」日銀との対立でした。すなわち景気がよくなることで、Xデーが発生するというものです。

しかし、ここに来て、サブと考えていた、景気が悪くなることによってXデーが発生するシナリオが、メインになりそうな気配が出てきました。

景気に関していうと、当初中国での新型コロナウイルス感染拡大が世間の注目を浴び始めた頃は、「中国経済の低迷に日本経済が引きずられる」程度の懸念でした。中国は日本の輸出相手国としても輸入相手国としても1位なので、その影響は大きいと思ったのです。中国から来る旅行者等の激減も気がかりでした。

ところが、このウイルスの国内への侵入を水際で食い止められなかったことで、日本経済発の不況要因が出始めました。あらゆる行事が中止に追い込まれ、遊園地・博物館等が休みになり、不要不急の外出や生活必需品以外の買い物も急減しました。

観光、飲食、デパート、レストラン等の業界が直接的にダメージを被るのはもちろんですが、街から人が消えれば、消費はさらに冷え込みます。

日経新聞が2月25日の一面トップ記事に「経済活動 非常時モード 消費停滞 懸念強まる」とのタイトルをつけたほどでした。

この段階に至っても、すでに財政・金融政策を最大限発揮してしまっている政府と日銀には、打つ手がほとんど残っていません。

確かに、大型補正予算の作成も考えられますが、財政赤字が極大化している日本では、それをきっかけに財政破綻の危機が強く意識され、国債暴落のリスクが高まります。

「財政均衡」を憲法で定め、いざというときに、一時的にでも大型の財政出動ができるドイツとは大違いなのです。

新型コロナウイルスの感染拡大をきっかけに、世界的な株価の大幅下落が始まりました。株価の下落は、経済全体に非常に大きな悪影響を及ぼします。低迷した経済を、さらに下押ししてしまうからです。いわゆる「逆資産効果」です。

さらに日本の場合、今日（2月28日）現在、日米金利差の急速な縮小によって進んでいる円高が致命的です。円高は、株価のさらなる下押し要因です。

株価が下がると、日銀保有の株に評価損が発生するという大問題が生じます。株価下落で、前述の「逆資産効果」により消費者心理が冷え込んでしまうので、「経済の先行き」を心配するのは当然です。

しかし、株価の下落で「中央銀行の心配」をしなくてはならない、などとは聞いたことがありませんし、あってはならないことです。それが日本では起こりそうなのです。

1年前の2019年3月、日銀は参議院財政金融委員会で「（2018年9月末の数値で計算すると）日経平均株価が1万8000円程度を割り込むと、日銀の保有ETFの時価が簿価を下まわる」と発言しました。

それ以降も、さらに高値で株を買い増していますから、現在の評価損の発生地点はもう少し高いと思われます。

ほとんどの国の中央銀行は、金融政策目的で株など保有していません。

しかし、日銀だけは別なのです。

それも、2020年末には日本で最大の株主になると言われるほどに、大量に保有しているのです。

私が「日銀倒産の可能性」を述べると、「そんなことありえない」との反発を数多くいただきますが、それは中央銀行を国民が絶対的に信頼、信用しているからです。その信用を保持するために、世界の中央銀行は値動きの激しい株、不動産、長期国債などに手を出さないのです。それが大鉄則だったのに、日銀は、財政破綻を先送りするためにその鉄則を大破りしたのです。

何があっても損をしないはずの中央銀行の資産がジェットコースターのように上下し、債務超過になる可能性が出てきたのです。

そんな国の通貨は、世界の人々から見向きもされなくなる可能性大です。日米金利差の縮小により円高が進んでいますが、日銀が信用を失えば、一転、日銀の発行する通貨・円の大暴落が起こるでしょう。

つまり、日本の金融システムの元締めで、何があっても揺らいではいけないはずの中央銀行の財務内容に疑義が生じてしまう。そんな中央銀行の発行する円になど、世界の人々は見向きもしなくなるということです。

円というお金の価値がなくなるということは、すなわちハイパーインフレにつながるということなのです。

❷日銀の債務超過が予見されたとき

ノーベル経済学賞を受賞したポール・クルーグマン博士が「インフレにするには、日本銀行が信頼を失うことが大事」とおっしゃっていたと前に書きました。

債務超過とは民間でいえば倒産状態ですから、日銀がそうなれば信頼を失うのは明らかです。クルーグマン博士が言うところの「日銀が信頼を失う」代表的なケースです。大きく信頼を失えばハイパーインフレです。

保有資産の評価〝損〟による債務超過でもアウトですし、損の垂れ流しによる実現〝損〟による債務超過でも当然アウトです。

今、景気がそれほどよくなく、日銀が金利を引き上げなくて済んでいるから、何となく世の中、平穏ですが、景気が上向いたら、とんでもないことになるでしょう。

この40年間で日本の有担コールレートが最も高かったのは１９８０年7月の12・7％。このときは高インフレだったかもしれませんが、ハイパーインフレではありませんでした。

このときほどにインフレが加速していき、政策金利を同じレベルにまで引き上げなくてはならない事態にでもなれば、日銀の損の垂れ流しは大雑把な計算で、1年間で約50兆円（日銀当座預金残高が４０８兆円。1％の利上げで支払金利は4兆円増、12・7％に引き上げれば4兆円×12・7）にもなり、大変な債務超過に陥ってしまいます。

国の年間予算１０２兆円と比べてみてください。

インフレを短期で、しかも過熱する前に抑え込めなければ、債務超過はすさまじいものになってしまいます。

そんな莫大な損失を垂れ流す中央銀行や、その発行する通貨を、誰が信用するでしょうか？

日銀が債務超過になってから円が暴落（＝ハイパーインフレの発生）し始めるわけではありません。市場が日銀の債務超過を予見し始めた時点で、暴落が始まることには注意が必要です。

❸地方銀行が苦境に陥り、連鎖倒産が起きたとき

2019年9月16日、朝のNHKで「地銀が生き残りをかけていろいろな努力をしている」とのニュースを流していました。今、地方金融機関の経営が苦しくなってきているのです。

識者やマスコミからは「マイナス金利のせい」という分析をよく聞きます。参議院議員時代に地方視察に行ったとき、地方金融機関のトップ数人の口からも同じ発言を聞きました。

また黒田東彦日銀総裁も2017年12月7日の東京都内での講演後の質疑で、地方銀行の収益に関して「低金利環境が継続すると、銀行の貸し出し利ザヤが縮小し、収益に影響を及ぼす」と述べたそうですが、「低金利」という言葉でごまかし、責任回避を狙っているように思えます。

日銀や金融庁の幹部の口からは「少子高齢化のせい」とか「地域社会の衰退のせい」とのコメントさえ聞こえてきます。「目利き能力の低下など地銀の努力不足が原因」「地方経

済の地盤沈下や人口減のせい」など、地銀自身の責任やとり巻く環境のせいにするのはあまりにも安易であり、地方金融機関にとって酷です。

これも、異次元緩和という政策ミスを隠すためになされた言い訳にすぎないと私は思います。

銀行収益の悪化の真の原因は「マイナス金利のせい」でも「低金利のせい」でも「地域経済の疲弊のせい」でもありません。「異次元緩和のせい」です。生命保険の運用利回りや年金の永続性に対する不安要因も、「異次元緩和のせい」なのです。

「マイナス金利のせい」などと言っても、短期金利（日銀当座預金）にマイナス0・1％が適用されているのは、ごく少額です。2019年10月末現在で、付利対象の当座預金残高（9月16日〜10月15日の平残）は385兆円ですが、プラス金利（プラス0・1％）適用残高は209兆円、ゼロ金利適用残高が157兆円なのに対し、マイナス金利適用残高はたったの19兆円で、5％にすぎないのです。こんなに少額なのに、それが地方銀行経営悪化の原因であるはずがないのです。

長期金利がマイナスになったのは、異次元緩和で長期国債を日銀が爆買いしているからです。マイナス金利政策（＝日銀当座預金をマイナス0・1％にする）を始動しても長期金利がそれなりに高ければ（＝長期国債を爆買いしていなければ）、長短金利差が充分あり、地方銀行も元気だったはずなのです。

銀行のもっとも重要な収益源は長短金利差です。普通預金や当座預金など期日が短いお金（期間の拘束がなく、すぐ下ろせるので期間が短いといえます。拘束期間が短いゆえに金利は低い）を原資として、期間の長い融資や長期国債（長期ゆえに金利が高い）の購入によって儲けるのが、民間金融機関です。

長短金利差こそが金融機関の主たる収益源なのです。当然、長短金利差が開いていればいるほど儲けが大きくなります。

異次元の緩和とは、長期国債（主として10年債）の爆買いです。

その結果２０１９年９月末で日銀の保有国債額４８０兆円のうち、４６９兆円が長期国債となってしまっています。

日銀が長期国債を爆買いすれば、長期国債の価格は上がります（＝金利は低下）。この結果、長短金利差がなくなってしまったのです。地方銀行は、メガバンクのように海外業務で充分な収益を上げられる体質ではないですし、ディーリングで儲ける人材やノウハウもないでしょう。これでは地方銀行が儲かるわけがありません。

たとえ短期金利が下がっても、日銀が長期国債の爆買いをせずに長期金利が高いままなら、地方銀行はなんら困ることはなかったのです。1970年代、米国ではS&L（米国の貯蓄型の金融機関）の経営が苦しくなったS&L危機というのがありました。

そのとき、FRBは長期金利を押し上げ、長短金利差を広げる政策で金融システム危機を乗り切りました。今、日銀は、そのときと正反対の政策をとっているのですから、地銀はたまったものではありません。

今までは保有していた国債や株式を売却して、その売却益で何とか収益を確保していました。しかし、それもそろそろ限界に来ています。

多少とも利益を生み出す貴重な資産を売却したり、国債の満期が来てしまったら、そのあとはどうやって食いつなぐのでしょうか？

運用の主力である国債の利回りなどすでにマイナス圏ですから（2019年12月にはゼロ%まで戻りましたが）、満期分を借り換えれば儲けどころか、確実に損が出てしまいます。

これほど原因がはっきりしているのですから、その原因をとり除けばいいのですが、そういうわけにはいきません。もし異次元緩和をやめたら、長期金利が急騰して、政府は予算を組めなくなります。「異次元の量的緩和」を、政府は「デフレ脱却のため」と言っていますが、実際には「政府の資金繰り倒産回避のため」なのです。国の資金繰り倒産を避けるための危機先延ばし策が地銀の経営を揺るがし始めているのです。

危機の「飛ばし」は、どこかで無理が顕在化します。異次元緩和を中止すると長期金利が急騰し、国の資金繰りが困難になります。多くの地銀が危なくなったときに、日銀は国を財政破綻させてまで、地銀を救うのでしょうか？

政府は金融システムを守るより、財政破綻を避けることを優先すると思います。その結果、金融システム不安の発生です。世界中に、日本経済がそこまでひどいことが知れ渡ります。そうなれば日本売り（株、債券、円の暴落）の発生だと思います。

ちなみに国内業務で収益が上がらず苦しくなった地銀の中には、米国債の購入を増やしたところもあるようです。

2019年8月15日の米財務省の発表によると「日本は18年10月以降、保有残高をかなり安定したペースで計1000億ドル以上増やした（保有総額は1兆1200億ドル〈約120兆円〉）」そうです。地銀もその流れに乗っていたと思います。

2018年10月初旬の米国債利回りはおおよそ3・0％です。2020年1月30日現在では1・58％ですから、それなりの評価益が出ていると思います。

しかし、今後、米国経済が（新型コロナウイルスの問題があるにしろ）資産効果で好調となると（あとで詳しく述べます）、長期金利は上昇します。

そうなると、この時期に買った米国債には評価損が生じることになります。売ったら実質、損です。金融システム不安につながる可能性も出てくると思います。

❹国債の格下げがあったとき

少し古い記事ではありますが、2016年7月26日の日経新聞電子版で財政制度等審議会の会長代理の富田俊基中央大学教授が「財政の持続可能性を心配して円や国債が売られるようなことがあるとしたら、その引き金はなんだとお考えですか」と聞かれて、「たとえば国債の投資不適格級への格下げではないか。日本はホームカントリーバイアスが強いので、国内発で資本逃避が進むとは考えにくい。でもその場合、まだ大丈夫、みんな一緒だと思っている分、ゆっくりゆっくり気づかぬうちに事態が悪化する恐れがある。逆に怖い面がある」と答えられています。確かに国債の格付け低下はXデーの引き金になり得ます。

かつて何度も国債の格付けが引き下げられました。一番、注目されたのは「ボツワナ以下になった」と騒いだときでしょう。しかし、今までは格下げが起きても、債券市場やその他のマーケットに、ほとんど影響はありませんでした。

そうは言っても、さらなる低下が続き、投資適格以下の格付けに落ちたら大変です。ムーディーズで言えばAaa、Aa、A、Baa、Ba、B、Caa、Ca、Cとある中で今、日本国債はAランクです。Ba以下は投資不適格、ジャンク債などと呼ばれます。世界の主たる投資家は手を出しません。ここまで落ちたら間違いなく暴落です。

ただ日本国債は、投資不適格までには、まだ多少とも間があるから「心配無用だ」とは思わないでください。

金融機関の格付けは、国の格付けを超えられません。国の格付けが落ちていけば、金融機関の中には投資不適格になってしまうところも出てくるはずです。地銀は日本国内での収益が落ちこんでいるので、海外に活路を見出そうとしています。とはいうものの、海外での融資には知識も人材も乏しいので、米国債等の購入が主になっているはずです。

それも為替のリスクをとり、円をドルに換えて米国債を買うのではなく、米短期市場でドル資金を借りて、その資金での長期の米国債買いをしています。ごく短期の金利と10年長期金利との差を稼ごうとしているのです。ドルの長短金利差で儲けようとしているということです。問題は海外市場での資金調達コストは、格付けをかなり反映する点です。格付けを信用するというより、その会社自身の信用調査で決まるのですが、その調査結果に格付けが大いに影響しているのです。

国の格付け低下の影響で、地銀の格付けが下がった場合、ドル調達コストが上昇したり、ひょっとするとドル調達が不可能になるケースも出てくると思われます。そうなると地銀の米国債市場からの撤退となります。これ自体もダメージですが、撤退の際の米国債売りで損失が出ていたら、踏んだり蹴ったりで、金融システムリスクにつながります。

ＩＭＦが、２０１９年11月25日の対日審査後の声明で「日本が消費税を10％に上げても、国際的には日本の財政への視線は依然厳しい」と指摘しました。もし海外からの視線がさらに厳しくなれば、海外勢の円からの逃避（＝円暴落）とともに、「国債格下げ」が起こる可能性が充分考えられます。

最後に一つ、覚えておいていただきたいことがあります。市中にある誤解に関してです。「格付け」とは国の倒産確率にすぎません。最初に書いたように、私も国が倒産（＝財政破綻）するとは思っていません。ＥＵ諸国と違い、中央銀行が紙幣をいくらでも刷れる

（＝実際には日銀当座預金残高の増加）からです。

ですから財政破綻は起きません。しかし紙幣が毎日「天から降ってくること」によって、紙幣の価値が下がる、すなわちハイパーインフレが起きてしまいます。財政破綻だろうとハイパーインフレであろうと、国民にとっては、同じように地獄です。

格付けは、ハイパーインフレの確率を考慮していないのです。ムーディーズの格付けでギリシャがBと投資不適格で、日本の格付けAより低いのは、それが理由でしょう。

ギリシャは財政破綻のリスクは高いが、ハイパーインフレのリスクは低い。日本は財政破綻のリスクは低いが、ハイパーインフレのリスクは高い、というのが正しい見方ではないでしょうか。

❺アベノミクスが成功し、景気がよくなったとき

今、何となく国民が危機感を抱けないのは、アベノミクスが大成功せずに景気がよくなっていないからです。逆説的ですが、アベノミクスが成功していたならば、今頃、大変なことが起きていたでしょう。その意味で政府は景気がよくならず、デフレから脱却できていなくて幸いだったのです。

アベノミクスの間違いは「インフレになれば景気がよくなる」と思っていることです。「景気がよくなれば、まず間違いなくインフレ」になります。しかし、逆は必ずしも「真」ではありません。確かに「資産インフレ（地価や株価の上昇）」が起きれば、景気はよくなります。それはバブルを振り返れば、明らかです。これを資産効果（資産を持った人がお金持ちになったつもりでお金を使い、その結果、株価がさらに上がり、資産を持った人がさらにお金を使うという好循環）といいます。しかし資産価格は消費者物価指数（CPI）の構成要件ではありません。ここは注意が必要です。日銀が目標とするCPIが上昇しなくても、資産価格が上昇すれば景気が狂乱することは、バブルで経験したはずです。

しかし、日銀が目標としている「CPI2％が達成されても、景気はよくならない」こともあります。スタグフレーションという言葉があるくらいです。スタグフレーションとは「インフレ下の景気低迷」です。CPI上昇が必ずや景気をよくするなら、公共料金を40％上げればよいのです。公営バスや公立学校の給食費やガス代、電気代を40％上げればインフレになると思いますが、景気はよくなるどころか悪化するでしょう。

今、原油価格がじわじわと上がっています。原油価格の指標となるWTI（ウエスト・テキサス・インターミディエート＝西テキサス地方で産出される高品質原油）の先物価格は2019年12月25日現在、1バレル61・11ドルです（新型コロナウイルスによる景気低迷を受けての需要減を予測して、2020年1月30日では1バレル52・90ドルに下落しています）。この値動きは時々チェックしておいたほうがいいでしょう（https://www.bloomberg.co.jp/energy でチェックできます）。原油価格が急騰しても景気はよくならないと思いますが、CPIは上昇するでしょう。

話を戻します。景気がよくなると、まず間違いなくCPIは上昇します。日銀が目標とするCPI2%は容易に達成されるでしょう。

そうなると日銀は、異次元の緩和をやめざるを得ません。CPI2%の達成のために、異次元緩和を行っているからです。しかし、やめるとどうなるでしょう。

政府の資金繰り倒産のリスクが、急浮上してきます。一時は国債発行市場の70〜80%を購入していた日銀が、購入を中止するのです。価格の暴落（＝長期金利の暴騰）は必至です。誰が買いに向かうでしょうか？　皆無でしょう。それより、国債村の住人は「人より一歩でも先に売ろう」と必死で売りまくると思います。それがディーラーの心理です。現物債は買い手がいないでしょうから先物で売ろうとするでしょうが、きっと、連日のストップ安で値段がつかないまま、どんどん気配だけが下がって（＝長期金利は上昇）いきます。パニックです。それが市場です。自分のお金だったらと考えてみてください。売りたいのに気配値だけ下がっていき、売るに売れない。こんなに怖いことはありません。30年近くのディーラー経験の中で、私が一番怖がっていた事態（＝市場の流動性不足）です。

国債市場は、先物市場のほうが現物市場に比べて格段に大きいのですが、先物市場は現物の国債を持っていなくとも売りができます。外国人など、このときとばかりに日本国債先物市場に殺到し、売りまくり、値下がり益を得ようとするでしょう。

だからこそ、ロシア国債が１９９８年につけた利回り80～１００％と同じレベルまで急騰する可能性も大ありだと思っています。

そうなると政府は国債発行による借金に頼れなくなります。利払いが将来可能とは思えないからです。市場金利より低いところで発行しようと思えば、入札で未達（購入資金が充分集まらない）が発生してしまいます。

この事態を避け、長期金利を低く抑えるべく、政府は日銀に異次元緩和の継続を強く要請するでしょう。そうしないと、政府が資金繰り倒産するからです。

日銀はかなり抵抗するでしょうが、政府は「日銀の独立性を剝奪《はくだつ》する」法律を作り、日銀に異次元緩和を継続するよう強制すると私は想像します。悪あがきです。ＣＰＩが２％

になろうと3％になろうと10％になろうと、異次元緩和は継続するのです。日銀はますます政府の打ち出の小槌、紙幣印刷所となり、紙幣が毎日、天から降ってくるのです。ハイパーインフレ一直線です。それを止める手段は何もありません。

日銀が紙幣を刷りまくって、それを歳出に充てていれば、どこかで国民や外国人は、その通貨の受けとりを拒否します。円ではなにも買えなくなるのです。これをハイパーインフレというのです。

世界中が「CPI2％が達成されたのに、なぜ日銀は異次元緩和を継続するのか」と不思議に思うはずです。そして日本政府の窮状（＝資金繰り倒産のリスク）を、嫌というほど認識します。当然の結果として日本売りが起こります。Xデー到来です。

ちなみにこのとき、黒田総裁は政府に「CPI2％を達成したから異次元緩和をやめる」と反抗するでしょう。それが認められないと知ると（認められるとは思っていないでしょうが）、「それなら私はやめる」と日銀総裁の職を辞すでしょう。「気骨ある総裁」として歴史に名を残すのでしょうが（とんでもないと思いますが）、残された日銀は大変です。

黒田日銀総裁には「異次元緩和からの出口」があっても、日銀には「ない」からです。

コラム　先物市場は悪くない

「国債市場では、先物市場が現物市場よりはるかに大きい。外国人は先物市場を使って国債を売り浴びせるだろう」と書くと、読者の中には「先物市場」を悪の権化のように思ってしまう人がいるでしょう。しかし、市場参加者には悪も善もありません。市場に流動性を与えるという意味で先物市場の参加者も市場に不可欠な存在です。

そもそも現物市場と先物市場の差とは、「決済日（お金と商品の交換日）が今日か将来かの差」にすぎません。「決済日が今日か」と書きましたが、正確には、株の決済日が約定日の2営業日後のように、決済日が間近なものを現物市場と理解してください。

その意味では、不動産取引は先物取引です。契約日には手付けの受け渡しをしますが、契約後に、買主が融資の申し込みなどをして、残額（大半の金）の受け渡しと権利書（平成17年廃止。現在は「登記識別情報」）の交換は数カ月後だからです。

この決済日が今日か将来かによって、先物には「売りが簡単にできる（＝買戻しまでは日にちが沢山ある）」「証拠金を払えば、その何倍もの規模の取引ができる（レバレッジが利く、と言います）」などの特性が出てきます。

しかし違いは、単に「決済日が今日か将来か」だけなのです。決済を今日やるのはよい取引で、将来決済するのは悪魔の取引とはさすがに言えないと思います。

❻長期金利が上昇し、金融機関に莫大な債券評価損が発生するとき

景気がよくなれば、いくら日銀が抑え込もうとしても、長期金利に上昇圧力がかかります。景気上昇期に、日銀以外は超低金利の商品を保有しようとは思わないでしょうし、保有長期国債を売って株式や社債などに乗り換えるからです。

ましてや日銀が、景気上昇（＝ＣＰＩの上昇）で、長期国債購入額を減らしたり、購入を中止すると市場が思ったら、金利急騰です。

そうなると、この章の冒頭に書いたように、長期国債を大量保有している日銀に莫大な評価損が発生します。そうなると、円暴落の危機です。それを避けるために、日銀は、何があっても異次元緩和を継続、長期国債を買い支えるかもしれません。そうなれば、ハイパーインフレ一直線です。

黒田総裁のおっしゃるように「日銀は簿価会計だから評価損は関係ない」と仮定しても、

地方金融機関はどうでしょう。地方金融機関の保有国債の大部分には時価会計が適用されています。第8章⑦に書いたように、「2017年9月末で地方銀行保有債券の96・4％が時価評価の対象」です。この状態のときに長期金利が上がり始めたら、地銀にはとんでもない評価損が生じます。しかも時価評価ですから、その期の損失として計上です。債務超過に陥る地方銀行が続出するようなことがあれば、金融システム危機の発生です。

❼外国人の日本国債枠がいっぱいになったとき

終身雇用制度真っ盛りの1985年、私は清水の舞台から3度飛び降りるほどの覚悟でモルガン銀行に移りました。そのとき、モルガン銀行には各邦銀に対し取引限度額があったことに驚きました。銀行間取引はすべて青天井だと思いこんでいたからです。

当時、日本においては「護送船団方式（銀行は政府の力で一行たりともつぶさない）」が採用されていたためか、邦銀間の貸し出しには貸し出し枠がなく、青天井だったのです。でも、それは日本社会にのみ適用されるルールだったのです。

さらに驚いたことには、モルガン銀行には日銀に対する取引限度枠や短資業者に対する限度枠、そして国に対する限度枠もあったのです。当時、他行に余剰資金を貸すためには短資業者の自己勘定に資金を貸し出し、短資業者がその資金を他行に貸し出すというシステム（有担保取引）が主体でした。担保をとるといっても、一義的には資本も充分ではない短資業者に貸し出しをするなどとんでもない、とニューヨーク本部は彼らに少額の融資枠しか設けてくれなかったのです。短資業者を介する取引は当時の日本では当たり前のシステムで、それ以外では余剰資金の処理ができないと本部に泣きつき、やっとのことでそれなりの限度枠をもらったことを思い出します。

邦銀勤務の人には信じられないでしょうが、先に述べたように日銀に対しても取引限度枠がありました。当時は日銀当座預金にある金額も法定準備預金額とほぼ同額で、ごく少額であり、日銀への融資限度枠は気にしませんでした。国民の皆さんが銀行に預金を置くのは、その銀行への貸し出しと同義ですが、それと同様に、銀行が日銀に当座預金を置くのも、日銀への貸し出しと同義なのです。ですから限度枠があるのです。

当時はいざ知らず、今日のように日銀当座預金口座に資金を積み上げると、外銀は日銀への限度枠を気にせざるを得ない状態になりつつあるとも聞きます。他国の支店や本店がマイナス0・1％以下で調達した円をうまく投資できなければ、日銀当座預金に資金が寝てしまいます。そうなると限度枠をオーバーしてしまうのです。

国債購入も無制限ではありません。国債購入とはその国への融資ですから、その国への融資枠以内に収めなければなりません。

外資は「中央銀行を含め、あらゆる機関は倒産しうる」との前提でリスクをコントロールしているのです。中央銀行は倒産しない、国はデフォルトしないという前提でリスクコントロールをしてはいないのです。

ところで今、国債を買い増ししているのは、日銀と外国人だけです。その外国人が融資枠いっぱいまで国債を買ってしまうと、外国人の買いの手は引っ込みます。

そうなると、買い増しをするのは日銀だけとなります。日銀は全力で国債を買い増さねばなりません。買い手が日銀しかいなくなれば、さすがに世界は、「日本は典型的な財政ファイナンスをしている」と判断するでしょう。財政ファイナンスはハイパーインフレ防止のために、世界中で禁止されている行為です。外国人は誰も円を保有したくなるでしょう。円の暴落、ハイパーインフレの発生、Xデーの到来です。

もう一点、外国人の日本国債買いで注意しておかねばならないことは、「外資の買いは調達コストとの見合いなので、短期保有でしかない」という点です。引くときはさーっと引いてしまうのです。

❽投資家や金融機関の運用が国債から社債に変わるとき

２０１９年12月7日の日経新聞に「社債13・9兆円、21年ぶり最高更新」という記事が載っていました。こんなに長期金利が低ければ、起債する企業が増えて当然です。企業は景気好転の気配を感じとれば、金利が安いうちに長期固定の資金を焦って借りようとします。皆さんが住宅ローンを借りる際、「金利が上昇する」と予想すれば、変動型ではなく長期固定金利型を選択するのと同じです。これは長期金利の上昇圧力となります。日銀が長期金利を低く抑えきれないと思えば、抑えきれるうちにと発行を焦ります。

一方、投資家は、景気がよくなると考えれば、有利な投資先がいくらでも出てきますから、日本国債のような超低金利の商品には投資をしなくなります。

景気がよくなれば一般的に倒産確率が下がりますから、多少のリスクならとってもいいと思うのです。したがって国債より社債、地方債への志向が強まります。

２０１９年12月5日の日経新聞によると、地銀の運用先が「国債から地方債にシフト」しているそうです。２０１５年12月に運用の39％を占めていた国債が２０１９年10月には23％に減り、11％だった地方債は逆に20％に増えているそうです。これは、景気回復を感じとったというよりも、国債金利があまりに低すぎるせいかもしれません。

景気回復時には社債や地方債の供給が増えるでしょうが、需要も増えます。その需要が増えた分、日本国債の需要は減るのです。日本国債を買うのは今でも日銀と外国人しかいないのに、そうなると完璧に日銀しかいなくなります。日銀だけは未来永劫、国の借金をファイナンスしなければならないので、国債を買わざるを得ません。

それをもって、財政ファイナンスと判断されれば先物市場で国債の売り浴びせが起こると思います。少しでも景気が好転すると、この事態が起こり得ます。

私の周りでは、庭師不足や台風の被害のときの修理工の賃金が上昇しているのが見てとれます。ひょっとすると、景気が持ち直してきているのかもしれません。

なお、このような国債売りを心配するなら「日銀がすべての国債を買い取ってしまえばいいではないか？」と思われる方がいらっしゃると思います。

そんなことをすれば、日銀の資産規模は約1000兆円と今の2倍近くになり、発行銀行券が100兆円とすると、日銀当座預金は900兆円にもなります。今まで述べてきたように、金利上げの方法は日銀当座預金への付利金利上げしかありませんから、そんなことをしたら大変です。

1%上げるだけで、9兆円の支出です。ものすごい負のシニョリッジが発生します。

❾中国が米国債を売却するとき

「中国の米国債売却により、日本にXデーが到来する」可能性は正直、低いと思います。しかし全くの想定外ではないので、一応ここに書いておきます。

米中貿易摩擦は2019年12月、多少緊張が緩和しましたが、先行きはまだ完全にはっきりしたわけではありません。米中貿易摩擦において劣勢の中国ですが、抵抗をするとすれば、最強の策は保有米国債の売却でしょう。

2019年8月15日の米財務省の発表によると、中国は1兆1100億ドル（約120兆円）もの米国債を保有しています。ここにきて日本（1兆2000億ドル）に抜かれましたが、2017年5月以降、世界最大の米国債保有国だったのです。

ただ、米国債を売却すれば、中国自身も保有国債価格の下落で「自分で自分の首を絞める」ことになります。ですから可能性は低いと思っています。

しかし予期せぬ事態が起きる引き金になるのが、戦争です。貿易戦争でも同じです。総力戦となれば、最後の最後には中国が米国債売却に踏み切る可能性もゼロではないと思うのです。自分が重症になろうとも、米国が重体に陥ると思えば、仕掛ける可能性はあるでしょう。その場合、日本経済は即死です。世界最悪の財政状況と不健全な日銀財務は全世界的な金利上昇に耐えられないからです。

ただ繰り返しますが、この確率はかなり低いと思っています。

⑩日銀の国債保有額が国債発行額の50％を超えたとき

２０１９年９月末時点で国債等発行残高は１１４１兆円です。一方、日銀の国債保有額は４８０兆円です。日銀は発行済み国債の42％も保有しているのです。

自国国債の保有比率の高さは世界の中央銀行の中でも突出していますし、私に言わせれば、とんでもない数字です。ただマーケットは、今のところ、それを大きな話題としてとり上げていません。

しかし、さすがに50％というキリのいい、そして象徴的な数字を超えるときには話が違ってくるだろうと思うのです。世界中に、このニュースは流れるでしょう。世界が「それは財政ファイナンスだ」というのは目に見えています。財政ファイナンスとの認識が広まれば、円や国債は暴落します。今、日銀は公式には年間80兆円ずつ、実際には30兆円ベースで長期国債を買い〝増し〟しています。50%を超すのはそう先ではありません。

⑪米大統領選でトランプ大統領が負けたとき

政治マターは、市場に数日間の影響を与えても大きく影響はしないと経験から思っています。もちろん長い目で見れば、経済成長のトレンドを変えますから、多少の影響は出てきます。原点から角度28度の線と29度の線を引くと、当初は大きな違いはなくても、長い時間がたてば（＝グラフの右側に行けば行くほど）差が大きくなるのと同じです。

モルガン銀行時代、日本の政治的イベント直前に米国本社から幹部が来ると、市場経験のない人ほど、しゃしゃり出てきて、米国人幹部に市場への影響を解説するのを見て、思わず笑ってしまったことがあります。話は面白いのですが、政治マターは、市場にそれほど大きな影響は与えないのです。あっても一時的です。

そうは言いながらも、2020年11月3日に行われる米大統領選には多少の注意を払っています。トランプ大統領は確かに品性には少し欠けるところがありますが、彼の掲げる経済政策は（FRBの独立性の否定を除いて）米国にとっては、まともです。

トランプ氏が大統領に再選されれば、市場は大きくは動かないでしょう。FRBの引き締めが遅れ、米国経済が絶好調を維持し、日米金利差拡大で円安が急速に進んだり、FRBの引き締め遅れで米国にバブルが発生、そして崩壊となり米国経済がポシャるようなことがあれば、もちろん話は別です。しかしそれは大統領選後、数カ月後の話であり、大統領選の結果で大きなインパクトがあるとは思えません。

しかし民主党左派で急進的な政策を公約に掲げているバーニー・サンダース候補やエリザベス・ウォーレン候補が勝利すると、大変です。資本主義の元締めが自壊していくのですから、資本主義の危機です。急速な世界経済の悪化が予見されます。

この2人のうちの一人が大統領に当選すれば、その直後に株価の大幅下落が起き、ブラックマンデーのようなことも起こり得ます。「米国がくしゃみをすると、日本は風邪を引く」の格言どおり、日本は即アウトでしょう。

民主党でも中道のマイケル・ブルームバーグ前ニューヨーク市長やジョー・バイデン候補が大統領になった場合は、それが原因で「Xデーを迎える」ことはないと思います。

1994年6月29日、村山富市社会党党首が「晴天の霹靂《へきれき》」で内閣総理大臣となりました。翌日、モルガン銀行の東京幹部全員が中国で開かれるマネージング・ディレクターの会議に向け出発することになっていました。ところが29日の夜、ニューヨーク本店から「市場が大荒れになると予想されるから、フジマキだけは東京に残れ」との指示が来たのです。私は「大混乱はあり得ないから中国に行く。出張は嫌だと言ったのに『行け』と強要したのはそちらではないか。出張に備えて肝炎予防のガンマグロブリンを打った（今から思うとやりすぎ）。それも美人の女医さんに汚いお尻を見せるという恥ずかしい思いをして打ったのだ。冗談じゃない。市場など大荒れしない」と反抗したのですが、「いや、大荒れする。残れ」で、出張をキャンセルせざるを得なかったのです。

その日、マーケットは私の予想どおり、微動だに（というと大げさですが）しませんでした。その後しばらく、出張キャンセル命令を出したボスがニューヨークから出張してくるたびに、当時、資金為替部長だった私の部屋のドアにガンマグロブリン注射の証明書を貼って、彼が私の部屋に出入りするたびに目に入るようにしておきました（笑）。

第12章 消費者物価指数2%がXデーの引き金を引く

❶円安がXデーの引き金を引く

第11章で「消費者物価指数（ＣＰＩ）が日銀目標の２%に達する」と、もしくは「景気がよくなる」と、Ｘデーが訪れる可能性が大ありと書きました。どういうときにこのような事態が訪れるのでしょうか？　私は円安ドル高が進行すればすぐにでも、その日は到来すると思っています。

円安ドル高が進行すると、ＣＰＩ２%の達成。日銀と政府のバトルが始まり、Ｘデー到来、円の暴落を含む日本売りが始まると思っています。

私は、この30年近く「日本経済の回復のためには穏やかな円安が唯一、そして最も強力な手段だ」と主張してきました。しかし、「すでに時遅し」なので、今この主張は抑えています。それは、これだけ借金が膨らんでしまった現時点において、円安が進むと景気がよくなり、逆説的ですが、それゆえにXデーの引き金を引いてしまうからです。異次元緩和を開始する前なら景気回復の最善の手段だった「穏やかな円安政策」は、異次元緩和をしてしまったがゆえに「Xデーの引き金を引く危険な政策」となってしまったのです。

もっとも通常ならば「円安がデフレ脱却の最強の手段」であることに変わりありません。

❷なぜ消費者物価指数2%は達成されないのか

それは、ひとえに為替のせいだと思っています。安倍政権のブレインである浜田宏一イェール大学名誉教授・東京大学名誉教授と以前、お寿司屋さんで痛飲したことがあります。私が「日本経済の30年間の低迷の主因は円高のせい」と書いた本を本屋で見つけた浜田先生が「この著者と会いたい」とおっしゃってくださり、東大に勤めていた友人を介してお会いし、議論することができたのです。先生は「円高が経済低迷の元凶と主張しているのは君と私だけだ」とおっしゃり、飲み会&ブレインストーミングが実現したのです。

このとき、先生は「円高是正のために異次元緩和が必要だ」と主張されました。その後、先生は安倍政権のブレインになられたのですから、当初の異次元緩和の目的は「円安誘導だった」と思います。しかし私は「異次元緩和は副作用が大きすぎる。他の方法で円安を誘導すべき」と主張いたしました。「先生が生活し、教えている米国では、確かに異次元緩和で通貨安に誘導されるでしょう。しかし日本では、為替市場に市場原理が働いていない。株主資本主義ではないから無理です」と述べたのです。

もし、ゆうちょ銀行が米国の銀行なら、異次元緩和で集まった資金を日本国債のようなシミのような金利商品で運用しません。運用していたら「高い給料を払っているのに、そんな低リターンか」と経営陣はすぐに株主にクビを切られてしまうからです。多少リスクをとってでも海外の高利回り商品を購入するのです。ですから、円安ドル高が進みます。

しかし、実際のゆうちょ銀行は「損をしないことが第一目標ですから、為替リスクをとって海外投資などしないのです。利回りゼロでもクビを切られないのですから、日本国債の投資に向かってしまうでしょう」と主張いたしました。

異次元緩和で円安になるか否かは別として、為替が日本経済の将来、そして消費者物価に大きな影響を及ぼすという点では浜田先生と私の意見は一致したのです。

実は異次元緩和当初は、CPI2%の目標はすぐにでも達成されそうな勢いでした。2012年末86・32円、2013年末105・37円、2014年末119・80円、と円安が進んでいたとき、マイナスだったCPI・全国平均（除く生鮮食品）は、2012

年末マイナス0・2％、2013年末0・8％、2014年末2・8％と順調に上昇していたのです。このまま円安が進行していけば、日銀の目標とする継続的なCPI2％はすぐ達成だと思っていました。

ところが2015年、ドル／円は125円をつけたあと、円高へと方向転換してしまったのです。おかげでCPIは、2015年末は0・0％、2016年末はマイナス0・2％でした。

マーケットでは、ほとんど話題になりませんでしたが、このドル／円の反転は、米ドルのMMFの為替益を、非課税から20％源泉課税へ変更したせいだと思っています。この改正案を聞いたとき「そんなことをしたら円安ドル高傾向が反転してしまい、せっかく持ち直してきた日本経済が再びポシャるぞ」と強く警告をしたのですが、誰も聞いてくれず、結局、そのとおりになりました。

この税制改革はNISA（少額投資非課税制度）導入のために証券業界が国税当局の主張を飲んだのでしょうが、こういう話は税収の短期的な観点で決めてはいけないのです。景気をよくする税制改革により全体の税収を増やすことを考えなければならなかったのです。

しかし国税当局は、NISAの税収減を何かの増税で補いたかったのでしょうし、証券業界はNISA導入による短期的増益を図りたかったのでしょうし、政治家はNISA導入による票が欲しかったのかもしれません。国税当局が税の論理でモノを考えるのは仕方ないとして、政治家は国の将来を考えて税体系を考えるべきだと思います。

と言いながらも、為替が景気やCPIと強くリンクしていることを理解している政治家はほとんどいないのですから、この税制改革に政治家が無関心だったのは致し方なかったのかもしれません。

以上述べてきたことからおわかりだと思いますが「なぜ今、日銀の政策目標CPI2％が達成されていないのか?」。その答えは「円安が止まり、逆に円高にベクトルが変わってしまったから」なのです。逆に言えば、何かの理由で再び円安が進行すれば、景気は好転し、CPIは日銀の目標である2％に簡単に届くのです。

しかし、そうなると「日銀対政府のバトル」が始まり、日本はXデーを迎えるでしょう。景気好転でXデーを迎えるという嫌な話です。

❸バブル時は為替と消費者物価指数に強い相関関係があった

図表6　消費者物価指数(CPI/除く生鮮食品)

	年	CPI 全国総合(%)	ドル/円	日経(円)	NYダウ
	1982	2.8	235.30	8,016	1046
	1983	1.7	232.00	9,893	1258
	1984	2.2	**251.58**	11,542	1211
バブル期	1985	1.8	**200.60**	13,113	1546
バブル期	1986	0.5	**160.10**	18,701	1895
バブル期	1987	0.5	**122.00**	21,564	1938
バブル期	1988	0.5	125.90	30,159	2168
バブル期	1989	3.0	143.40	38,915	2753
バブル期	1990	2.7	135.40	23,848	2633
	1991	2.6	125.25	22,983	3168
	1992	2.1	124.65	16,924	3301

出典:日本銀行主要統計ハンドブック(元データは総務省〈当時〉)　1995年基準

「為替とCPIの関係が深い」実例を、もう一つ挙げておきましょう。前にも書きましたが、1985~1990年のバブルのときはCPIが低位安定したのに狂乱経済を経験しました。株価が史上最高値の3万8915円(1989年末)をつけ、不動産価格が5年間で実質10倍以上に値上がりしたのです。

日銀は低いCPIにのみ目を奪われ、資産価格高騰の動きを無視し、引き締めが遅れてしまったのです。その結果、失われた30年がやってきてしまいました。

経済があれほど狂乱したのに、CPIが低迷した理由は何でしょう?

図表6を見ていただきたいのですが、

ドル／円は1984年末から87年末にかけて251・58円、200・60円、160・10円、122・00円と1年に約40円ずつ円高に向かっていました。だからこそ全国平均のCPI（除く生鮮食品）が85年から88年までは1・8％、0・5％、0・5％、0・5％と、あれほどのバブルにもかかわらず、低位安定していたのです。

ところが89年にはドル／円が143・40円と円が急落しました。途端にCPIは3・0％と跳ね上がったのです。90年は再度多少の円高になったので、CPIは3・0％から2・7％と多少鎮静化したのです。

まさに円高でCPI低下、円安でCPI上昇という動きがきれいに出ています。まさに「景気対策には自国通貨安、インフレ防止には自国通貨高」との経済の教科書どおりの動きです。円安が進行すれば、CPI2％は簡単に達成できると私が主張する理由です。

経済学部卒の方なら「輸入インフレ」という言葉を学生時代に習ったことがあると思います。「通貨安ならインフレ」はどんな経済の教科書にも書いてあると思います。

第13章 何がきっかけで円安ドル高が起きるのか

❶日米金利差拡大で円安ドル高は進む

今まで「何かの理由で円安が進むとCPI2%を達成。そこでXデーが到来し、円は暴落」のシナリオを述べてきました。それでは何がきっかけで、円安が進むのでしょうか？

まずは日米金利差が拡大したときです。

「低い利回りの日本国債と高い利回りの米国債だったら、どちらに投資するか？　日米金利差が開けば開くほど、より多くの人が米国債に投資する。だから円を売ってドルを買う人が増える」という説明が、わかりやすいのではないでしょうか。

ただ投資家が「日本国債投資をやめて米国債投資をする」のには多少の時間がかかります。その行動が終わるまで為替が動かないことはありません。日米金利差が開いたり縮小したりした瞬間に、為替は動きます。

このことは、実需の動きの反映というよりも、実際には投機家の動きが影響していることを証明しています。実需より投機の取引量のほうが何万倍、何十万倍と巨大だからです。現在のようにドル金利のほうが円金利より高いと、将来のドルの買いを予約する場合、現在のドルよりかなり安い値段で買うことができます。

たとえばものすごく日米金利差が開き、1年後のドルを1ドル40円で予約することができるとします。今日予約で値段を決め、円とドルの交換（＝決済）は1年後です。私なら1ドル40円の値だったら予約をしますね。もし1年たって、そのときの為替レートが70円だったら大儲けだからです。なにせ1年前に1ドルを40円で買う約束をしているのです。決済で40円で手にいれたドルを、そのときの70円で売れば30円も儲かるからです。

予約でドルを買う人が現れると、スポットのドル買いが起こります。為替の解説本ではないので、詳しい説明は省きますが、魅力になった先物のドル買いという投機家の動きが、「日米金利差が開いたときに、すぐにドル高に振れる」理由だと私は30年に及ぶディーラーとしての経験から理解しています。

キャリートレード（＝日米金利差が開くと円を調達しドルで運用する）とかキャリートレードの巻き返しとか識者は言いますが、実際にそんなことをするのは、個人投資家のF

Xトレーダーくらいです。プロの投機家は日米金利差の開きや縮みを、今述べた先物で勝負するのです。日米金利差の拡大は日米の景気の差で決まります。

コラム

投機家は悪ではない

ある米国人が「投資で損をすると投機家と言われ、成功すると投資家と言われる」と言っていました。言い得て妙だと思います。

それにしても、投機家は悪ではありません。資本主義とは別名が市場主義ですが、投機がないと流動性が不足してしまいます。買いたいときに買えず、売りたいときに売れないということです。

もし為替が実需だけの世界なら、米国に行くとき必要なドルは、成田空港で米国からの飛行機を待ち、訪日米国人と交換してもらわなくてはならなくなります。

そうなるとドルを買うときは1ドル130円、売るときは1ドル80円という世界になってしまいます。

資本主義、すなわち市場主義を採用するのであれば、投機家は悪でも善でもありません。資本主義国家にとっては必要な存在！ なのです。

❷米国経済が強いゆえ、円安ドル高が進行する

それでは今後、日米どちらの景気がよくなるでしょうか？ 私は明らかに米国だと思っています。２０１９年11月14日、ＦＲＢのパウエル議長が下院予算委員会で、好調な米国経済を「スターエコノミー」と称したそうです。私の友人は日本経済のことを「スターダスト（星屑、宇宙塵《じん》）」と言いました。現状の日本がスターダストかどうかは別にしても、米国経済は私も「スターエコノミー」だと思います。

２０１９年12月、ＮＹダウが連日史上最高値を更新しています。12月29日現在で2万8645ドルです。また米国経済は、完全雇用状態です。11月の雇用統計では、非農業生産人口が26万人も増えました。完全雇用とは、働きたい人は皆、働いているはずですから、完全雇用下でこれだけ雇用者数が増えるのは驚きです。２０１８年にＦＲＢが「完全雇用になれば雇用者数の増加は10万人台に減速する」と予想していたのに、まだこんなに増え続けているのは、経済のベースが極めて強い証拠だと私は思います。

完全雇用状態に加え、株をはじめとする資産価格の高騰、ＣＰＩにしか目を向けず引き締めが遅れている中央銀行の存在……。今の米国は、１９８５年から90年の日本のバブル期にそっくりです。株価が史上最高値を更新しているとは、個別株で負けている人はいるにしても、平均して言えば、誰も株で損をしておらず、全員が株で儲かっているということです。「儲かっている人も損している人もいる」ではなく、全員が儲かっているのです。

この資産効果は強烈です。特に米国は日本に比べ株を持っている人の割合が多いだけに、景気に対する好影響は、より強烈だと思います。

２０２０年１月27日の日経新聞夕刊には、ニューヨークオフィス賃料が高騰という記事も載りました。株だけでなく、不動産市況も絶好調なのです。

また、２０１９年12月19日の日経新聞夕刊に「米国人に資産効果の恩恵」という記事が載りました。やっと日経新聞も資産効果に気がついてくれたようです。

この資産効果を無視して、ＦＲＢが金融引き締めに入っていない米国は、景気を過熱させてしまうのではないか？　と私は心配しています。

その上、トランプ大統領がＦＲＢにプレッシャーをかけ、利下げを要求しているのです。本来は、利上げして資産価格の上昇をマイルドにしなくてはいけないのです。それなのに、トランプ大統領からのプレッシャー（だと思います）で、ＦＲＢは２０１９年に3回も利下げをしました。

すでに述べたように、日銀ほどではありませんが、ＦＲＢも利上げを継続していると、どこかの時点で「損の垂れ流し」になってしまいます。伝統的金融政策時代と異なって、現在は金融引き締めの手段が無限にあるわけではないのです。だからこそ過熱しないように、早め早めの引き締めが必要なのに、２０１９年は3回も利下げをしてしまったのです。後悔の種にならないことを祈るばかりです。このまま景気が過熱して、米国が日本のバブル発生→崩壊と同じ過程をたどったら、日本は即死です。

このようなリスクがあるものの、米国経済は当面は力強く成長していくでしょう。日本のバブルは１９８５年から90年まで続きましたが、現在の米国は、その真ん中辺の88年頃という感じを私は持っています。

２０１９年に世界経済に不透明感を醸し出した英国のＥＵ離脱問題や米中貿易摩擦問題が落ち着きを見せている点も、米国の景気上昇を後押しします。

また米国は昨年、原油の純輸出国となりました。シェールガスの生産が伸びたからです。専門家から聞いたのですが、シェールガスの生産コストは米国では3ドルですが、日本での価格は13ドル。この差が大きな理由は、積出港の設備やガスを液化するのに費用がかかるからだそうです。ただ日本で13ドルかかろうと、原油の17ドルよりは安い。一方、原油のほうはもともと液体なので産油国と輸入国の価格差は、液化費用などかからず、せいぜい2〜3ドルだそうです。要はシェールガスを生産する米国は、他国に比べて格段に安い石油が手に入るわけで、米国の優越はすさまじいものがあるとのことです。

数年前に聞いた話なので、詳細は定かではありませんが、重要なポイントは「シェールガスを生産する米国は、他国に比べて格段に安い石油が手に入る」ということです。

GAFA（グーグル、アップル、フェイスブック、アマゾン）というIT産業の会社は、皆米国企業です。石油と情報というこれからの経済の二大資源を押さえた米国は、中長期的にますます強くなると思います。

一方の日本ですが、40年間で先進国中、断トツのビリ成長、何かこのトレンドを変えるような大きな出来事、改革は起きていません。その予兆もありません。これでは日本経済は世界のビリ成長を続けるでしょう。ましてや日本は、景気がよくなれば、今まで述べてきたようにXデーの到来が予見されるのです。

株価は経済の体温計とよく言われます。その体温計ですが、2019年の日経平均は2

万３６５６円でひけました。大納会直後に出た日経新聞電子版のタイトルは「日経平均、大納会29年ぶり高値」です。日本経済を鼓舞したい気持ちはわかりますが、無理がありま す。１９９０年の２万３８４８円のレベルにほぼ戻ったにすぎないからです。ちなみにNYダウの90年末は２６３３ドルで、２０１９年12月25日時点では２万８５１５ドルとなり、ほぼ11倍となっています。確かにNYダウは史上最高値を更新中で、それゆえに、いつかは崩れるのではと不安を持っている方もいらっしゃいます。

12月末にテニスをしに行ったとき、テニス仲間のMさんがアマゾンの株をシカゴにいる娘さんと一緒に買ったと話していました。「だってアメリカ人、皆アマゾン買っているよ」と娘さんに言われたそうです。それを聞いていたもう一人のテニス仲間のHさんいわく、「それって大恐慌のとき、靴磨きの少年まで株買ってたのと似てない？」。

どちらが正しいのか、私にはわかりません。ただ米国経済は資産効果でしばらくは、かなり強いだろうと思うのです。

この日米の経済の強さの差が、私が円安ドル高進行を予想する理由です。その円安の結果、ＣＰＩ２％達成で、日銀は出口問題にぶち当たり、Ｘデーの到来が予想されるのです。

❸中東での緊張が高まると円安ドル高が進行する

2020年1月2日、米軍がイランのソレイマニ司令官を殺害し、にわかに中東が緊張しました。何かの理由で今後、中東での緊張がさらに高まると、円安ドル高が進行すると思います。すでに書きましたように、米国はシェールガス/シェールオイル革命のおかげで、今や石油全体で純輸出国、世界最大の産油国です。中東の原油供給を守ることに躍起になっていた湾岸戦争の頃の米国とは、全く違います。

モルガン銀行時代の友人の欧米人と意見を交換したら、彼らは皆、「中東が緊張すれば、世界経済が低迷するとしても、米国が一番軽微」と言っていました。株式会社アゴラ研究所代表取締役社長の池田信夫氏は「アメリカ経済に与える影響は限られている。これが、トランプ大統領が先制攻撃した一つの理由だろう」と述べられています。

打撃が軽微な米国に対し、日本は精製装置との相性もあり、輸入先の分散が難しく、中東産原油に9割弱を依存しています。しかもエネルギー自給率が100%を超えている米国と違い8%しかないのです。中東が緊張すれば相対的な米国経済の強さと日本経済の脆弱性が浮き彫りになるはずです。これは非常に強いドル高円安要因となります。

❹「逆イールドカーブだから米国経済は弱い」と思うな

2019年には「逆イールドカーブだから、市場は景気の悪化を予想している」との解説がマスコミにしばしば出て、米国の長期国債が買われた時期がありました。

イールドカーブとは縦軸に金利、横軸に期間をとったグラフで、たとえば1年国債が1%、5年国債が3%、10年国債が7%なら、イールドカーブは右上がりなので「イールドカーブが立っている」と言います。それぞれが1%、1・5%、2%と長短金利差がなくなると「イールドカーブが寝ている」と言うのです。また右下がり、すなわち2%、1・5%、1%なら「逆イールドカーブになっている」と言います。

市場が「景気は今後よくなる」と思うと、「イールドカーブは右上がり」になります。今年1年間の金利が1%、今日から1年間の金利は、景気がよくなるので3%まで上昇すると市場が思えば、今日から2年間の金利は2%になるのです。最初の1年間の1%と、次の1年間の3%の平均をとって2%になり、イールドカーブは右上がりとなります。

同じような理屈で、今後景気が悪くなると市場が考えれば、今後2年間の金利のほうが、今後1年間の金利より低くなります。逆イールドカーブの発生です。この逆イールドカーブの状態をもって「米国経済は今後悪化する」と一部の市場参加者が騒いだのです。

しかし、騒いだ人たちは「どの市場でも中央銀行がビッグプレイヤーになっている」ことを忘れています。もちろん日銀ほどではありませんが、他の中央銀行もそれなりのビッグプレイヤーなのです。日銀は一時、国債発行市場の70〜80％をも購入していました。

ＦＲＢは多いときでも、せいぜい10％です。しかし、たとえ10％といっても、市場原理の働かない機関が10％も買えば、市場をゆがめます。２０２０年１月下旬、コロナウイルス発生後、米国で再度、逆イールドカーブが発生しました。

景気後退の前兆と騒ぐ人がいましたが、最大の理由は２０１９年11月よりＦＲＢが長期国債の購入を再開したせいだと思います。１月末のＦＲＢの資産規模は４兆１０００億ドル台にもなり、２０１９年10月より４０００億ドルも拡大したのです。

儲かろうと儲かるまいと、今後の景気がよくなろうと悪くなろうと、そんなことはお構いなしに、がむしゃらに長期国債を買う機関があれば、長期国債の価格は上昇（＝長期金利は下落）します。

そして、その結果生じた逆イールドカーブを「景気悪化の兆候」と誤解する投資家がいれば、さらに長期国債は買われ（＝長期金利は低下）ます。

今のイールドカーブは、将来の景気の予想にはなんら役立ちません。イールドカーブが市場の将来の景気を反映するのは、参加者が市場原理の働く人や機関のみのときです。その辺を理解せずに「逆イールドカーブだから米国の景気は今後悪化する」などと思い込むと、痛い目にあうと思います。繰り返しますが、私は、米国経済は当面、強いと思っています。

❺ウォーレン・バフェットも円の暴落を予想している？

2019年9月6日の日経新聞に「著名投資家ウォーレン・バフェット氏が率いる投資会社バークシャー・ハサウェイが、同社として初となる円建て債の発行条件を決めた」とのニュースが載っていました。これはまさに円のキャリートレードです。「バフェット氏はさすがに目端が利くな」と思いました。円債で調達した円をドルに換えて（為替ヘッジなしに）運用するのだと思いますが、満期時に円安が進行していると考えたのではないでしょうか？　中長期的な円安、もしくは円暴落を予想しているはずです。

さきほど「キャリートレードをしているのは個人のFXトレーダーくらいで、プロの投資家やディーラーがしているのは為替先物取引であり、実際にキャリートレードをしているプロはごくわずかだ」と書きましたが、プロのバフェット氏が始めたとは、注目に値するニュースです。

ウォーレン・バフェット氏は為替に関して私と同じ考え方を持っているんだな、と思いました。もし多くの外資系がバフェット氏と同じ発想で円建て債券を発行し始めると、円売りドル買いが大規模に起こり、円安ドル高が進行します。

円安ドル高の進行によってＣＰＩ２％が達成され、Ｘデーが起きるというシナリオも考えられますし、外国人の円債発行急増で長期金利が上昇し、日銀や地方銀行の巨大損失発生というプロセスを踏んだ上でのＸデー到来というシナリオも考えられます。

コラム

新興国にもキャリートレードがお勧め

以前、世界銀行の幹部から相談を受けた際に、私は「新興国は円建て債を発行し、円を調達せよ」と提案したことがあります。理由は「まず円金利が非常に低い。その上、今の日本の財政状況を考えると、満期の頃、円が暴落している可能性がある。そうなればごく少額のドルを売って返済金の円が準備できる」からです。

新興国が1ドル100円のときに100億円調達し、ドルに両替すると1億ドルの資金ができる。そのドルを国内発展のために使う。為替ヘッジはしない。10年後の満期が来たときに1ドル＝1000円に円が暴落していれば、1000万ドルあれば100億円を返済できる。もし4年後に1ドル＝1000円となり、その後に円急騰・ドル暴落が予想されても、そのとき6年後のドル買いを予約しておけばいい、と提案したのです。

このとき、世界銀行の幹部が「為替のヘッジをしないとフジマキさんの予想が外れたときが大変で、それはできない」とおっしゃるので、「それならば、新興国への援助として『ドルコール、円プット』のオプション料を世銀が払ってあげればいいじゃないですか？」と返答しました。いまだに実行はされていないようですが、私としては今でも新興国へのよい援助手段だと思っています。

❻貿易収支の悪化等でも、円安ドル高は進む

2019年11月26日の朝日新聞に「今年は1ドルあたりの値幅が8円あまりで、1973年に変動相場制へ移行してから最小を記録しそうだ」との記事が載っていました。記事

には、投機筋の円買いを貿易収支の黒字幅縮小が相殺しているとの記述がありました。

数年前には「日本の経常収支が、近い将来赤字になりそうだ」との予想が出まわっていました。幸い、そのような状況には陥りませんでしたが、さらに貿易収支が悪化し、経常収支が赤字になれば大変です。

財政赤字と経常収支の赤字という「双子の赤字」に陥った場合、学問的には円の大幅下落か長期金利の大幅上昇、またはその両方が起こるということになっています。

❼地方金融機関の苦境から円安ドル高進行の可能性もある

前述したように、長短金利差がなくなって苦しくなった地銀の中には、米国債に活路を見出そうとしているところもあるようです。邦銀の米国債購入は通常、ドル資金を調達して行われるのが主流です。米銀のように大胆に為替リスクをとることはないのです。

ところが最近、米国の短期金利が乱高下をし始めました。なぜ乱高下をするのかは次のコラムをご覧ください。

今後、しばしばドルの短期金利が暴騰したり、調達が難しくなると、地銀が選択できる手段は二つしかありません。米国債を売却し、ドル調達のストレスから逃れる方法が一つ。

ちなみに、これは為替には影響しませんが、皆が同じ行動を始めれば、米国債価格が下落（＝ドル長期金利の上昇）し、日米金利差拡大による円安ドル高の可能性があります。
なお、多くの地銀が売却損を計上するならば、日本の金融システムの不安要因にもつながります。地銀がとりうる二つ目の対策は、ドル調達を回避するために円売りドル買いを行い、市場からのドル調達を今後回避する方法です。これは円売りドル買いですから、当然円安ドル高につながります。

コラム

なぜ米短期金利は乱高下するのか

米金融市場で、年末にドル不足の懸念が出ました。２０１９年夏以降ＦＥＤ ＯＮレート（１日間）が10％を超える乱高下が時々起きています。ＦＥＤレートとは短期金融市場のレートであり、ＯＮとは over night の略で１日間だけの資金の貸借のことです。中央銀行の金融政策に対する意向を表すものを政策金利といいますが、昔はそれが公定歩合でした。公定歩合を上げると、それは中央銀行が金利を上げたいという意思表示であり、下げれば金利を下げたいという意向の表明だったのです。その意思表明の手段が今では、この銀行間市場で1日間だけ資金を貸借するときのレートになっているのです。2019年12月末時点でのこのレートを1・5%から1・75%にすると、中央銀行が宣言していたのです。しかしその宣言にもかかわらず、このレートが10%を超える乱高下が起きてしまったのです。FRBが短期金利を厳格にコントロールできなくなったということです。

ニューヨーク連銀は12月12日、越年の金利高騰を抑制するため短期金融市場に計4900億ドルを供給したそうです。必死に乱高下を抑えようとしているわけです。

日経新聞いわく「米大手銀行が金融規制に対応するため、余裕資金を手元に抱えたり、FRBに預けたりするのを優先していることが背景にある」としています。

FEDの国債購入が足りない（=資金供給が足りない）からだという素人解説者の珍説を聞くこともあります。

しかし、この現象は異次元緩和の副作用なのです。伝統的金融政策時代にはこんなことは起こり得ませんでした。伝統的金融政策時代（日本で言えば）、日銀当座預金が法定準備預金額と同じになるようにしか日銀は資金を供給していなかったのです。1行が日銀当座預金を積みすぎると、他行が法定準備金不足になってしまいます。積みすぎた銀行にも日銀からお叱りの電話がかってきたことはすでに述べました。

異次元緩和を開始したために、日銀は、そのような微妙な短期金利のコントロール手段を失ったのです。これが乱高下の理由です。

異次元緩和という非伝統的金融政策を開始した結果、中央銀行は短期市場の完璧なグリップ（把握）ができなくなったのです。いずれ出口政策をとるとき（＝とれれば、の話ですが）、日銀も同じ問題に直面し四苦八苦すると思います。

江戸時代で説明します。幕府が米価を押し上げようとすれば、旗本に渡す米の量をちょっとだけ少なくすることで、市中の米価は即、上昇します。より多く渡せば、下落します。需給がそれなりに均衡していたからです。

ところが豊作が続き、幕府、旗本、農家、庶民の米蔵に米が余っていれば、幕府が旗本に渡す米の量を多少増やしたところで、米価は一文たりとも上がりません。お金も同じです。お金が余っていると、日銀は金利をコントロールできなくなるのです。

非伝統的金融政策は、予想どおりの完全な失政で、ハイパーインフレという大副作用で終わりを告げるでしょうが、そのあと、うまく伝統的金融政策に戻れるかどうか……技術的な面からも心配です。

第14章 日本の財政悪化をミスリードしたトンデモ理論

❶統合政府で見れば、日本はより危険であることがわかる

日本国民の誰もが、現在の財政状態や日銀のすさまじい現状から目をそむけたくなるのはわかります。しかし事実から目をそむけても、なんらよいことはありません。大丈夫だという楽観論は有害でさえあります。政府に頼れなくなった以上、自分自身でご自身やご家族のことを守る必要があるのです。

私の見るところ、楽観論を説く人の中に、金融関係の経験者はいません。実務を経験している人には、聞いただけで即おかしいとわかる理論だと思います。そのトンデモ理論について考えてみましょう。

まずは「統合政府論」をとり上げます。「政府と日銀を一つの組織（統合政府）と考えれば日銀の保有国債は発行総額から引いて考えるべし。だから国の借金総額は心配するほ

ど大きくはない。したがって日本の財政はそれほど悪くない」というのが統合政府論です。

家庭でいえば、親子間での貸借であって、巨額であっても大した問題ではない、という考えです。しかし親子間では問題なくとも、家族以外の外部からの借金によって親子間の巨額貸借が行われているのなら、その家族全体では大問題です。

国の債務（＝発行国債）と日銀の資産（＝保有国債）を相殺すれば、残るのは国の資産と日銀の負債です。この日銀の負債は、家族の例でいえば、金利を払わざるを得ず、また返済せざるを得ない、外部からの借金なのです。

日銀の負債のうち、発行銀行券のように「出世払いで返せなければ返さなくてもいいよ。金利もいらないよ」という借金なら話は別ですが、日銀当座預金はそうはいきません。

私が金融マンだった頃（2000年3月まで）は、日銀の負債の大部分は、発行銀行券（＝紙幣）でした。1998年末を例にとると、日銀のバランスシート（BS）規模は91・2兆円、そのうち負債サイドの発行銀行券は55・9兆円だったのです。

日銀当座預金（民間金融機関が日銀に預けているお金）は4・4兆円にすぎませんでした。負債の中で大きい発行銀行券は、日銀が元本を返す必要もないし、利息を払う必要もありません。今でも日銀の負債が、この「元本を返す必要もないし、利息を払う必要もない」発行銀行券なら、私も「統合政府論」を全否定はいたしません。

ところが「異次元緩和」をした結果、現在（2019年9月末）の日銀の負債の72％は利息を払わねばならず、また元本も返す必要がある日銀当座預金に変わってしまったのです。BS規模は570兆円、そのうち日銀当座預金は408兆円なのです。

この大部分は民間金融機関が自由意思（ただし残高408兆円のうち約10兆円は法定準備預金）で日銀に預金しているお金ですから、日銀は民間金融機関から要求されれば、当然返済する義務があるのです。返してくれなければ預金者が銀行に預けているお金の多くはパーです。さらには金利引き上げ時には、この日銀当座預金に巨額の金利を払わなければなりません（ただし、法定準備預金については金利ゼロ）。

まさに家族が、家族以外から金利も返済も必要な、大借金をしている状態なのです。

要は統合政府論では「政府単独政府のときの国債という負債が、統合政府では民間金融機関への日銀当座預金という負債に置き換わった」だけなのです。これから金利が上昇しようとしているときは、長期固定金利で借金をするのが常識です。毎日変動する日銀当座預金という短期変動金利に頼るのは、極めて危険です。日本の現状は統合政府で見れば、「大丈夫」どころか、「より一層危険」な状況を浮き彫りにしています。

今、財政に対する危機感が高まらないのは、「日本の消費税は10%。欧米諸国の20%以上に比べて、まだ低い。日銀が債務超過になれば増税し、政府が補塡すれば何とかなる（＝日銀がつぶれない）」という一種の統合政府論的な考え方を持っている人が多いせいかもしれません。しかし消費税20%では無理なところまで、財政赤字の額は膨らんでいます。最低、明日からでも消費税30〜40%は必要です（前に説明いたしました）。財政再建が遅れれば遅れるほど、増税額も大きくなるのです。

❷日銀保有国債の永久債化、ゼロ金利国債化では日銀が倒産する

統合政府論者とほぼ同じ誤解をしているのが、「日銀保有国債には、政府が金利を払わなくてもいい」とか「日銀保有国債は永久国債化してしまえばいい」と主張する人たちです。日銀が保有している国債（2019年9月現在で480兆円、うち長期国債469兆円）が無利子になれば、日銀の利息収入はゼロになります。

異次元緩和を開始した以上、利上げの方法は「日銀当座預金への付利金利を上げる」しか方法がない、と先に述べました。

もし日銀当座預金に2%の金利を支払えば、年間8兆円の支払いです。収入ゼロで、8

兆円の支払いでは、日銀はたまったものではありません。マイナスの通貨発行益です。

繰り返しますが、今の日銀の負債は、金利を払う必要も返済の必要もない発行銀行券ではないのです。

永久債を発行した場合、景気がよくなってきたら、資金を市中から回収しなければなりません。その方法は、今のオペレーションと逆、すなわち永久国債の市中への売却となります。低金利もしくはゼロ金利の永久債など誰が買うでしょうか？　もし売れたとしたら、べらぼうに安い値段です。日銀は莫大な資産売却損を計上しなくてはなりません。間違いなく倒産です（正確に言うと、倒産させて新しい中央銀行を作らざるを得なくなる）。

莫大な売却損を抱えた中央銀行の発行する通貨など、誰も信用しないからです。現状ではプラス0・1％の利回りの10年債が、10年後には高い金利の債券に置き換わり、日銀の収入が増えるという、かすかな望みがありますが、ゼロ金利の永久債ではその望みもありません。

前にも触れた一橋大学学長や政府税調会長を務められた石弘光先生は、2018年の「如水会会報」の新年号の巻頭インタビューで「無責任な人は、（藤巻注：国債を）日銀の勘定の中に塩漬けにしておけばいいじゃないかといった意見を出していますね」とおっしゃり、「塩漬け論者」や「統合政府論者」を無責任だと断定し、痛烈な批判を展開されています。

❸「デフレだからインフレは来ない」は大間違い

「今はデフレだ。ハイパーインフレが来るなど、なに寝言を言っているんだ」と私を批判される方が大勢います。ハイパーインフレとは、じわじわと進行するものではありません。デフレは一晩でハイパーインフレに変わり得ます。今まで説明していたプロセスを経て、です。薪は充分積み上げられ、ガソリンが相当にしみ込んでいるのですから、着火されればとたんに燃えあがります。「今はデフレだ」と言っている人は、着火されていないから大丈夫だと言っているようなものです。

元東大経済学部長で財務省財政制度審議会会長も務められた吉川洋先生は日経新聞で、藤井聡京大教授との対談の際、「重体だけでまだ死亡していない患者に向かって、『まだ、死んでいないから、あなたは大丈夫』と言っているようなものだ」と藤井教授を批判されています。そのとおりだと思います。

日本のバブルは1985~1990年でした。1990年に日経平均は3万8915円の史上最高値をつけましたが、目立った契機もなく、突然崩れました。私は、幸運にも直前に新聞社の方から「新築ビルの採算があまりに合わない」との話を聞き、「危険」を感じて会社のポジションをすべてひっくり返し、事なきを得ました。そのおかげで、あのときを生きのびた数少ないチーフ・トレーダーの一人となりました。

当時、崩壊直前でも多くの人たちは、日経は8万円になるとか10万円になる、と浮かれていて、イケイケドンドンでした。私が「危ないのでは？」と言っても、「なに言っているんだ。株価は上昇しているではないか？　危ないわけがない」と聞く耳を持たなかったのです。当時のことを思い出します。

「今、大丈夫だから危険ではない」という主張は、議論にさえなっていないと思います。

2019年10月9日の日経新聞「経済教室」の「既に債務危機と現状認識を」という見出しの記事で、東京大学准教授の植田健一先生は「つまり広義の債務でいえば、日本は債務

危機の真っただ中に10年以上ある。したがって債務危機は起きないという現状認識での議論や、まだ起きていないという現状認識に基づく議論は、ロジカルに構築できても、現実と合わない。むしろこの債務危機からどのように最小限のダメージで抜け出るかという議論が必要だ」とおっしゃっています。

私は、楽観論のせいで時間を無駄に使い、財政赤字が極大化してしまったと思っています。「最小限のダメージで抜け出せる」時期は、残念ながら過ぎてしまったのです。覚悟をして、それなりの準備が必要な時期だと思います。

また植田准教授は「日本の家計はまだ財政に頼ってよいといった甘言をつぶやく外国の学者や政治家も多いが、注意すべきだ。彼らの国のためによいことを言っているにすぎないことが多々あるからだ。他の先進国の外需拡大政策への協力のために、国家債務危機にある日本が財政出動をする必要はない」とも述べており、この点にも大いに賛同します。

付け加えますと、外国の学者や政治家は、日本の現状など全く理解していません。私がモルガン銀行の支店長兼在日代表時代、来日した著名な学者や政治家が、日本経済に関してのレクチャーを受けに私の部屋によく来ました。そのあとで彼らは「フジマキズ・イングリッシュ」を「正しいイングリッシュ」に変えて、藤巻説を彼らの説として日本人に向けてしゃべっていたのです。

もっとも私にとっても「私の主張」をマーケットに広めるためにこの機会は非常に有効で、喜んでレクチャーをいたしました。日本人は外国人の発言だと、ありがたがって聞くからです。そういう経験からして植田准教授の意見は正しいと思うのです。

同じような例をもう一つ書きます。日経新聞にJPモルガンの米国人エコノミストの日本分析記事が、しばしば大きく載りました。一方、私が発言しても、ごく小さな記事でした。ところがモルガンの本店・支店、また世界的な投資家の間での彼と私の評価は、小学生と大学教授くらいに違ったのです。私の発言は世界中の投資家が聞きたがり、海外支店のセールスマンは私を競ってヘッジファンドのオーナー等の海外大物投資家の許へ連れていこうとしましたし、彼らも会いたがりました、一方、日本の新聞に載る米国人エコノミストには大物投資家は「時間の無駄だ」と会ってもくれなかったのです（少し自慢話になりました。失礼しました。元お茶の水女子大学の文教育学部長で哲学者の土屋賢二先生に「すみません、自慢話みたいで」とメールを書いたら、「大丈夫です。私はもともと人の話は10分の1に割り引いて聞く質《たち》ですから」との返事をいただきました〈笑〉）。

要は外国人経済学者の日本での発言は、日本に来てから財政楽観論者の話を聞いて、それを要約しているにすぎない可能性も大ありだということを頭に入れておいたほうがよいということです。その外国人の意見を日本人は、外国人の発言というだけで「ありがたく」聞くのです。

❹「CDSのレートが低いから財政破綻はない」も間違い

CDSとはcredit default swapの略で、プレミアム（保険料）を支払う代わりに投資対象が倒産したり、債務不履行になった場合、保険金が支払われる金融派生商品のことです。「日本国債を対象とする保険料は安い。だからマーケットは日本が倒産するとは見ていない。したがって日本の財政は大丈夫だ」と主張する人がいます。

これに対する反論は、前に述べた格付けに対する反論と同じです。CDSレートはあくまでも国の倒産確率で、ハイパーインフレのリスクは反映されていません。私でさえ、日本の倒産確率はとても低いと思っています。EU諸国と違い、日銀が紙幣をどんどん刷れるからです。しかし倒産回避で紙幣をどんどん刷って歳出を賄っていけば、いずれお金の価値はなくなります。ハイパーインフレの発生です。

繰り返しますが、財政破綻だろうがハイパーインフレだろうが、国民にとっては、どちらも地獄です。CDSレートが低くても「財政は問題ない」などとは決して言えないのです。

❺「純資産国だから破綻しない」も誤り

「日本は純資産国だから破綻するわけはない」と主張する人たちがいます。「企業の内部留保がどのくらいあるか知っているか」とか「日本は世界一の対外資産保有国だから破綻するわけがない」との批判を私はよく受けます。

日本は確かに純資産国です。ですから、それを使えば国は倒産しないかもしれません。問題は〝資産〟は〝国民〟のモノであり、巨額の〝借金〟は〝国〟のモノだという点です。国民の純資産で政府の借金を補うのですから、国全体では問題ないかもしれません。国は破綻しません。しかしそれは「大増税をするから国は倒産しない」というのと何ら変わりはありません。「借金や金利部分は貸主が国民から直接返してもらう」わけにはいきませんから、税金で集めて、それを国が貸主に返すという話です。

今まで述べてきたように、尋常な方法では日本の巨額借金の返済原資を国民から徴収することはできませんから、ハイパーインフレという大増税で集めるのです。その結果、確かに国は破綻しないかもしれませんが、国民は地獄を見るのです。

ハイチのように世界の最貧国であれば、国民に富の蓄積がないのでハイパーインフレを起こしても「国民から国への富の移行」は起こりようがなく、国民も財政もポシャると思います。それよりはましかもしれませんが、そんなのは何の慰めにもなりません。

❻2018年のIMFレポートもおかしい

IMF（国際通貨基金）が2018年に各国の統合政府バランスシートを比較し、日本政府（公的部門）の債務超過額がほとんどゼロに近いグラフが示されました。「統合政府論者／財政は大丈夫」派の人たちが、喜んでこのレポートに飛びつきました。しかし、このレポートには諸々の点で疑問が噴出し、今では誰も口にしなくなったと理解しています。

諸々の疑問点とは、①財務省が発表している国の連結財務諸表の債務超過額は483兆円程度。日銀の純債務はそれほど大きくないので、統合政府の債務超過も483兆円とさほど変わらないはず。財務省のレポート（公式）と、このレポートの数字との非常に大きな差は何に起因するのかを誰も説明できない。IMFの数字の根拠が不明である。②IMFの英文レポートには「資産があるからといって財政出動をしてもよいわけではなく、負債に着目するのは重要だ」とあるのに、日本での議論では「負債に着目するのは重要だ」の部分が無視され、都合のいいところだけが独り歩きしている。③ＩＭＦレポートの全体的トーンは「負債だけでなく、資産を評価すると別のよい見方ができる」だが、ここで述べている資産とは、天然資源（石油など）であり、日本にはない、という点です。

❼「政府紙幣を発行する」はトンデモ理論

政府紙幣を発行すればよいではないか、という主張をたまに聞きます。これもトンデモ理論だということを簡単に述べておきます。そもそもこの考え方は統合政府の考え方と同じです。主たる反論は「本章①」をお読みください。

さらに「なぜ全世界で中央銀行が政府と別組織で独立しているか」を考えていただきたいと思います。統合してしまうと、政府が好き勝手に紙幣を印刷し、ハイパーインフレを引き起こしてしまうからです。短期的な景気を考える政治と、中長期的に最も望ましい金融政策を考える組織は、別にしたほうがいいのです。その点、今の日銀は、政府の「下僕」であり、政府の「紙幣印刷所」であり、政府の「打ち出の小槌」になり下がっています。日銀マンには、中央銀行マンとしての矜持が残っていないのか？　と情けなくなります。

また第4章で述べましたが、紙幣は政府がばらまこうと思っても、増えるものではありません。たとえば、国民が休み前に財布の中のお札の量を増やそうと思い、ATMや窓口から引き出して初めて市中の紙幣の量が増えるのです。

政府主導で市中流通量を増やすのは、かなり困難です。印刷所から出てきても倉庫に眠っている紙幣は、発行紙幣とはならないのです。単なるブツです。今、日銀が量的緩和を行って、ばらまいているのは、日銀主導で増やせる日銀当座預金であって、紙幣ではありません。

❽「国債は国民の財産」ではない

財政の危機を私と同じように訴えている朝日新聞編集委員の原真人さんはよく、戦前の1941年に大政翼賛会が戦費調達のため150万部刷って全国に配った「戦費と国債」という冊子の話をされます。

ここに書かれていることは「借金をしてでも財政を拡大せよ」と今、主張している人たちと似通っているとおっしゃっています。たとえば財政破綻の懸念について、「戦費と国債」では「国債は国家の借金ですが、同時に国民がその貸し手なので、経済の基礎が揺らぐような心配は全然ありません」などと説明しているそうです。

原さんが指摘されているように戦後、この戦時国債はハイパーインフレで紙切れ同然となったのです。ハイパーインフレで「国の借金でなくなった」と同時に、「国民の財産でもなくなった」のです。「借金棒引き」ですから国は大喜びですが、国民は悲惨です。

ただ正確に言うと、現状では「国の借金ではありますが、同時に日銀の資産」です。国民の財産ではなく、日銀の財産なのです。ハイパーインフレになれば、国の借金は実質棒引きですが、日銀の資産も実質なくなることになります。

それは「その資産を担保にしている日銀の負債（＝発行銀行券＋日銀当座預金）もチャラ」ということです。国民の持っている発行銀行券の価値も、銀行が日銀に預けている日銀当座預金の価値も、チャラになるのです。そうなれば銀行に預けてある皆さんの預金もチャラです。終戦直後と同様、泣きを見るのは国民です。

「自国通貨による借金をしている国で、財政破綻など起きるはずがない」という私への反論に対する反論は、この例を見れば、よくおわかりかと思います。

何度も繰り返しますが、自国通貨による借金では財政破綻は起こらなくても、ハイパーインフレにはなるのです。国民にとっては、どちらも同じような地獄です。

❾「企業が借金することは悪いことではないから、国の借金も悪いことではない」は間違い

「企業にとって借金は悪いものではない。国も同じだ」と言う人がいます。たしかに設備投資のための借金は、過多にならなければ悪いとは言えません。それは、利益が借金の利息より多い場合です。そうでなければ、投資のための借金は危険です。

しかし投資目的ではなく、借金の金利支払いや従業員給料等の支払い不足を賄う目的で多額の借金を積み重ねる企業は危険です。国も同じです。

先に述べたように財政法第4条では、借金は不可としています。橋や道路など未来世代が利益を享受する建設国債の発行は、やむを得なければ致し方ない。しかし、その年の赤字を埋めるための赤字国債は絶対にダメだと決められています。当たり前の話です。

現在の1111兆円の国の借金は、大半が赤字国債なのです。今はゼロ金利だからいいですが、金利が上昇すれば、多額の金利支払いで首が回らなくなるのは企業でも国でも同じです。家計と国の違いも先に述べたように、徴税権があるか否かだけです。企業であろうと家計であろうと国であろうと、投資以外で借金を積み上げるのは危険なのです。

⑩「景気回復には財政出動が不可欠だ」も大間違い

2019年12月24日の日経新聞に本田元内閣官房参与のインタビュー記事「脱デフレ財政足りぬ　国債、発行増を」が載っています。「さらなる財政出動を！」とは何をか言わんや、です。本田氏いわく「欠けているのは財政だ。日銀が資金供給を増やしても景気が改善せず」。冗談ではありません。リフレ派の旗印のもとに「異次元緩和」推進の先頭に立っていたのは本田氏だったのではないでしょうか。異次元緩和が効かないとなると、今度は財政出動ですか？　国の借金である国債は、税金の前借りです。借金が増えれば大増税が待っているということです。尋常な方法での増税は借金が巨額すぎてもう不可能でしょうから、「国民が反対できないハイパーインフレという大増税でしか借金を返す方法はない」と私は予想しているのです。これは国民にとっては地獄です。

使えるお金は一定です。借金は将来、返さねばなりません。ですから使えるお金は少し長いスパンでみれば、一定なのです。政府が使うか民間が使うかのどちらか、です。政府が大増税で国民からお金を徴収し、政府主体で使うのか、政府は引っ込み、減税し、その分を民間が使うのか？　の二者択一です。政府は非効率ですから、民間が金を使ったほうが経済が発展することは歴史が証明しています。

前者の政策をとったから日本は世界最悪の財政状況となり、先進国中断トツのビリ成長となりました。「緊縮財政（＝国が引っ込み）」で、民間が前面に出て経済を引っ張ってこそ、経済は成長するのです。借金も増えません。米共和党は、この考え方です。「政府は緊縮財政、民間の積極活用」です。さらに激しく緊縮財政を主張しているのが、ティーパーティー。それに対して米民主党は大きな政府路線、すなわち反緊縮路線です。その結果、民間は引っ込みます。経済成長で他国にはるかに出遅れた日本は「小さな政府、規制緩和、機会平等社会で競争」が不可欠だと思います。日本は「大きな政府、規制過多、結果平等税制」で、典型的な社会主義国家です。「さらに政府を大きくしよう」という財政出動には、私は大反対です。災害に強い国を作るために予算を使いたいなら、何か優先順位の低い政策の予算を減らすべきです。「財政トリアージ」が必要なのです。

トリアージとは「大災害でけが人が沢山出たのに医者が足りない。そのときは、患者に優先順位をつけて治療を行わざるを得ない」ことです。「人命はなにものにも代えがたい」と言っても、医者の数が足りなければ致し方ありません。財政もそれと同じです。

⑪「日本だけおかしくなるはずがない」の大嘘

確かに世界中の多くの中央銀行が、異次元の量的緩和を行っています。「それなのに『日本だけ危ない』というのはおかしいではないか？」という反論をよく受けます。しかし程度が違うのです。何の程度が違うのか？

まず日本は、ＧＤＰ比で世界最悪の財政赤字国です。断トツです。国債とは税金の前借りです。世界最大の借金ということは、将来の増税規模が世界で断トツに大きいということでもあります。ここまで借金が大きくなると、尋常な徴税手段では借金を返せません。ですから「国民から国への富の移行」という増税と同じ機能を果たすインフレ、それもすさまじいインフレであるハイパーインフレになる可能性が他国よりもよほど高いのです。

本来はもう財政破綻していてもおかしくないはずなのに、日銀が実質的に財政ファイナンスという「禁じ手中の禁じ手」をして「飛ばし（＝危機の先送り）」を行っているから、まだ財政破綻をしていないだけです。要は足りなくなった財源を「ＩＭＦや世銀から借りる」代わりに、日銀が新しい紙幣を刷りまくる（厳密に言えば日銀当座預金を増やす）ことによって賄っているだけなのです。紙幣を刷りまくった結果、日銀は超メタボになってしまいました。紙幣を刷りまくったせいで日銀のバランスシート（BS）が膨れ上がってしまったのです。対GDP比での日銀のメタボぶりは、これまた断トツに世界最高です。他の中央銀行はせいぜい20～35％なのに、日銀は100％を超えています。

FRBは2006年には9000億ドル（約103兆円）未満だったBSを、2008年の金融危機後に約4兆5000億ドルにまで膨らませました。しかし、このときでさえGDPの約25％にすぎません。

GDPとは経済規模ですから、日銀のBSが対GDP比で世界最高ということは、経済規模に対してお金を滅茶苦茶にばらまいているということです。

インフレは実体経済に比べてお金をばらまきすぎたときに起こりますから、日本は一番インフレに近い存在だと言えるのです。まさにハイパーインフレによる借金返済過程に、すでに突入していると考えられます。

MMT理論の提唱者ケルトン教授が「MMTは日本で実験中」と発言しているように、日本は財政ファイナンスを断トツで行っているのです。

異次元緩和を富士山登山にたとえるなら、他の中央銀行はせいぜい1合目から2合目。FRBなどは2合目から1合目まで戻り、再度登り始めて、今は1・5合目と表現できるでしょう。ECBは2合目あたりで休息をとっている状態です。一方、日銀は一度も休みをとらず、すでに9・5合目付近まで登ってしまった状態です。登頂したら、もう上はありません。登りたくても登りようがありません。滑落していくだけです。

もっとも瀕死《ひんし》の重傷を負いながらも、どこかで止まり、生き残るとは思います。このような状況なので「他国も同じことをしているから日銀も大丈夫のはず」とは言えないのです。

⑫「基礎的財政収支が黒字化されれば財政再建できる」は誤解

「財政楽観論が蔓延している」理由の一つは「プライマリー・バランス（PB）の黒字化」という言葉が、まやかし的に使われているせいではなかろうか？　とよく思います。

これはトンデモ理論というより単なる誤解ですが、ここで説明しておきます。

「PB黒字化」が達成されると、財政再建が達成されたかのように誤解される方がいらっしゃいますが、とんでもない話です。PB黒字化が達成されようとも、累積赤字は当面増え続けるのです。

PB黒字化とは、国債費（国債の返済元本と支払利息）を除いた収支が黒字化することです。国債費はPBの計算から除かれているのです。別の言い方をすれば、PBがトントンになっても、その年の決算は国債費分だけ赤字ということです。

「財政再建の第一歩が始まった」とは、累積赤字が減り始めて初めて、言えるはずです。すでに莫大な借金を抱えた家計を考えれば、自明です。借金の元利金返済を抜かして家計が黒字化しても、銀行へは借金の元利金分を支払わねばならず、その返済のためにはさらなる借金が必要です。借金は増え続けるのです。

借金が増え続けるならば、いずれは支払金利の重圧に押しつぶされて自己破産です。

2020年度の政府予算案では、国債費は23・4兆円です。PBが均衡しても（現在の超低金利が継続するという好条件を前提にしても）、毎年23兆円、借金は増加するのです。

しかし、いつまでもゼロ金利が継続するとは思えません。私がトレーダーになった1980年4月に長期金利は11％まで跳ね上がりましたが、そこまで長期金利が上昇したら国債費はびっくりするほど跳ね上がります。ということは「累積赤字が減り始める」のははるか先。このままでは未来永劫、減ることはないかもしれないのです。

日本の「PB黒字化」とは、他国の財政再建目標に比べて5周遅れの目標です。2010年6月のトロントサミットで、他の先進国は「2013年までに少なくとも赤字を半減させ、2016年までに政府債務の対GDP比を安定化または低下させる」という条件をコミットしたのです。日本だけは「そんなことは土台、無理だ」ということで「PB黒字化」という5周遅れの目標で勘弁してもらったのです。その目標さえ達成できずに何回も目標先送りなのです。

PB黒字化を目標とするのは、学問上「PB黒字化後、名目成長率>名目金利」ならば累積赤字がだんだん減っていくという「ドーマーの定理」があるからです。

すなわちPBが黒字になっても「名目成長率>名目金利」という条件が達成されなければ、借金は減っていかないということです。税収は、名目成長率と連動します。支払金利は名目金利と連動します。したがって「税収増が支払金利増より大きければ、PB黒字化後に借金総額は縮小していく」という話なのです。

確かに、今は「名目成長率>名目金利」です。しかし、それは今まで、何度も述べてきたように、日銀が長期国債を爆買いして、長期金利を低位に押さえつけているからです。昔のように日銀が市場から撤退すれば、長期金利は途端に跳ね上がり「名目成長率<名目金利」、それも名目金利のほうがはるかに高くなるでしょう。「名目金利＝実質金利＋期待インフレ率＋財政破綻リスク」だからです。

図表7　ほとんどの年は名目成長率のほうが低い

名目GDPの伸び率（名目成長率）（対前年比）		⇔	10年国債利回り（名目長期金利）	
1995/4~1996/3	1.8%		1996/3/29	3.2%
1996/4~1997/3	2.2%		1997/3/31	2.47%
1997/4~1998/3	1%		1998/3/31	1.88%
1998/4~1999/3	△2%		1999/3/31	1.72%
1999/4~2000/3	△0.8%		2000/3/31	1.77%
2000/4~2001/3	0.8%		2001/3/30	1.24%
2001/4~2002/3	△1.8%		2002/3/29	1.40%
2002/4~2003/3	△0.7%		2003/3/31	0.71%
2003/4~2004/3	0.8%		2004/3/31	1.43%
2004/4~2005/3	0.2%		2005/3/31	1.35%
2005/4~2006/3	0.5%		2006/3/31	1.75%
2006/4~2007/3	0.7%		2007/3/30	1.66%
2007/4~2008/3	0.8%		2008/3/31	1.29%
2008/4~2009/3	△4.6%		2009/3/31	1.34%
2009/4~2010/3	△3.2%		2010/3/31	1.40%
2010/4~2011/3	1.3%		2011/3/31	1.28%
2011/4~2012/3	△1.4%		2012/3/30	0.99%
2012/4~2013/3	△0.2%		2013/3/29	0.56%

※1998年以降応募者利回り。1997年以前は東証上場国債10年物利回り

出典：内閣府／財務省ホームページより作成

日銀が長期国債市場から撤退すれば、政府の資金繰り倒産のリスクが極めて高くなりますから、「財政破綻リスク」が上昇すると思われます。1998年にロシア国債の利回りが80％にまで上昇したのはこの理由、すなわち財政破綻リスクの上昇のせいです。

もし日銀が撤退せずに、長期国債の爆買いを継続すれば、毎日お金を天からばらまき続けるのですから、今度は「期待インフレ率」

が上昇し、これまた名目金利は上昇します。

いずれにしても、PB黒字化しても累積赤字が縮小する条件は満たされないのです。図表7を見ていただければわかるかと思いますが、日銀が長期国債市場に参加し始める前は、ほとんどの年で「名目成長率＜名目金利」だったのです。

⑬「財政赤字の対GDP比縮小で財政再建は進んでいる」の嘘

私が参議院財政金融委員会で「日本の財政は悪化しているのではないか」と質問したとき、黒田日銀総裁は「財政赤字の対GDP比が縮小しているから財政再建は進行している」と答弁されました。嘘つけ！　です。

財政赤字の対GDP比が改善しているように見えても、それは日銀が長期国債市場で圧倒的な存在となり、長期金利を超低位に押さえつけているからなのです。人為的な数字です。

日銀が昔のように長期国債市場に手を出さない、すなわち撤退したら長期金利は上昇するでしょう。そうなると支払金利が跳ね上がり、財政赤字額は急増し、「財政赤字の対GDP比」は急速悪化です。

要は、長期国債市場は市場原理の働かない日銀が牛耳っているから超低金利が継続しているわけで、まさに現実は計画経済といってよい状態なのです。その計画経済を継続し続けない限り、対GDP比の債務残高は低下するはずないのです。

しかし、今後もずっと計画経済が継続できるわけがありません。どこかでひずみに耐えられなくなり、爆発するのです。歴史が証明しています。そうなれば財政赤字の対GDP比は急騰します。財政再建など全く進行していません。

⓮「追加的金融緩和をする」という日銀はインチキ

これはトンデモ理論ではなく、日銀が世間の無知（?）を利用して誤った概念を誘導しているので指摘しておきます。日銀は2019年7月30日の金融政策決定会合で、「物価目標に向けたモメンタムが損なわれる恐れが高まる場合は、躊躇《ちゅうちょ》なく追加的な金融緩和措置を講じる」との文言を追加したのですが、これには強い抵抗感を覚えます。

「追加的な」などと宣言するまでもなく、毎日、金融緩和の〝追加的〟措置を実行しているからです。

円高に振れるのを怖がって、この文言を入れたのでしょう。その気持ちはわかりますが、事実と異なる表現はいけません。

「〝追加的な〟金融緩和措置を講じる」という表現は、「昨日、今日、明日と金融緩和の程度は変わらない。しかし、何かあったら、より強い金融緩和に乗り出す」というイメージを与えます。

伝統的金融政策下においては、「追加的措置」を講じるには、金融政策決定会合を経ねばなりませんでした。会合で政策金利を（たとえば）0・25％下げるなどと決定するまでは、金融の緩和度は一定（＝政策金利は同じ）だったのです。

しかし、現在の非伝統的金融政策下では、金融政策決定会合など開かなくても、毎日、日銀のBSを膨らませています。保有国債を再投資するだけではなく買い増ししているからです。昨日より今日、今日より明日と、緩和は日に日に過激になっているのです。テーパリング（買い増し終了＝天からの紙幣ばらまきをストップ）が完了するまでは、金融緩和は毎日加速している状態なのです。

車でいえば、伝統的金融政策時代は、コンスタントに毎時120キロ走行をしていて、金融政策決定会合で、変更の意思決定をしたときだけ、時速140キロに加速したり100キロに減速したりした、というわけです。

しかし異次元緩和開始以降は、金融政策決定会合が行われようと行われまいと、毎日、加速しているのです。日銀BSは毎日拡大しているのです。日銀の金融政策決定会合ではその加速の〝度合い〟を決めているだけです。現在では、年間の長期国債買い増し額を一時の年間80兆円ベースから30兆円ベースに減らしました。

これを金融緩和の減速と誤解した識者がいるのですが、とんでもない。加速度を弱めただけで加速は継続、すなわち金融緩和は相変わらず過激化しているのです。時速40キロから時速120キロ、そして時速200キロ、時速280キロへと毎時80キロずつ加速していたのを、最近は毎時30キロしか加速せずに、一昨年は310キロ、昨年は340キロへと加速度を落としただけなのです。より高速運転になっているのです。

他国の中央銀行は最高時速で走っていたときでも、スポーツカー日銀に比べると、自転車程度の速度でした。それなのに他国の中央銀行は、加速をやめたところもあれば減速を始めたところもあるのです。一方、日銀だけは超高速で、しかも加速を続けているのです。

さらには、ブレーキがついていないのが大問題です。フットブレーキもエンジンブレーキもついていません。アクセルから足を離しても、一定スピードで超高速走行を続けるだけなのです。

テーパリングとは、加速をやめて320キロの巡航速度での走行になったときのことを言います。そして金融緩和をやめたというのは、昔のように時速60キロまで減速したときに初めて言えるのです。

日銀はどこまでも加速をやめる意思もありませんし、そもそも減速の方法がありません。加速をやめると、政府が資金繰り倒産をしてしまうからです。テーパリングさえ視野に入ってこないのです。いずれスピードの出しすぎで、ハンドル操作も不能になるでしょう。

⑮「処方箋を書かずに『破綻だ』と騒ぐのは無責任だ」という批判に対して

「『破綻だ』と騒ぐのは無責任だ。政治家なら処方箋を書くのが仕事のはずだ」とよく叱られました。今は政治家でなくなったのに、まだ叱られます（苦笑）。

しかし、1945年7月、終戦1カ月前に、当初から「勝てない」と開戦に反対していたのに、「お前を明日、陸軍大将にするから米国に勝て」と言われても、無理なのと一緒で、手法がないのに「政治家だから何とかせい」と言われても、無理なものは無理なのです。

タイタニック号があと30センチで氷山にぶつかるときに、「衝突を回避せよ！」と命令されても無理なのです。「この氷山帯の海に入るな」とこちらは主張していたのに、入ってしまった船長から「氷山を回避できないとは何事だ！　船員なら何とかしろ。無責任だ」と怒られても、無理なものは無理なのです。異次元緩和の出口はないのに「出口を考えるのが仕事だ！」と言われても、「太陽を西から昇らせることは、政治家といえどもできない」のです。

「政治家なら、悲観論だけではなく、明るい未来を語れ。国民を鼓舞するのが政治家の仕事だ」ともよく怒られました。しかし負けがほぼ確実なときに「神国日本は米国に負けるはずがない。竹やりで突っ込め」と進軍ラッパを鳴らすのが政治家の役割だとは私は思いません。

日本国民にきちんと現状を認識してもらい、「竹やりを持って突っ込まないよう、自分の命を大事にしてください」と説得することこそが、真の政治家の役割だと思うのです。非国民と言われようとも、です。誰かが竹やりで突っ込むことにより日本が勝てるのなら話は別かもしれませんが、百パーセント負けがはっきりしているときの突撃は、無駄死にすることになりかねません。それよりどうやって戦後処理をするか考え、現状を反省して二度と同じ過ちを犯さないよう、未来の青写真を描くほうがよほど重要な仕事だと思います。

⑯トンデモ論のまとめ

2019年2月15日、毎日新聞夕刊の1面を使っての「借金1000兆円でも『最強』?」という特集に出させてもらったことがあります。財政楽観論を切り捨てている内容です。業界でそれなりに権威があり評価されている(私に関しては過去形ですが〈笑〉)人たちのコメントです。財政学の専門家の一橋大学の佐藤主光《もとひろ》教授、元財務官僚で税制の権威である森信茂樹さんと私とで財政楽観論を否定しています。

楽観論の主たるところは、①国は負債も多いが資産も持っている、②個人の金融資産が国の借金を上まわっている、③統合政府の考え方では、国の負債は日銀の資産で相殺されるから小さくなる、というものですが、すべて記事中で完璧に否定されています。本書で詳しく否定したとおりです。

記事の締めくくりは、「結局のところ、借りたモノはきちんと返すしかない、都合のよいウルトラCなんて存在しない、ということか。佐藤教授がまとめた。『日本人って、戦国武将なら真田幸村、〈三国志〉なら軍師の諸葛孔明が好きですよね。どれも《奇策》で大軍を打ち負かした。経済や財政問題も、意外性のある奇策が聞きたい、ということなのでしょう。危機を危機と受けとらない《正常性バイアス》も働いているのかもしれません。いずれにせよ、財政に奇策はない。負担と受益のバランスをとり、これ以上の借金を重ねない、という《王道》を歩むしかありません。今日破綻していないからといって、明日破綻しない保証はないんです』」となっています。まさにそのとおりなのです。

コラム

国債発行は金融引き締めではない

私のTwitterに金融引き締めに関する以下のような質問がありました。「藤巻さん、突然で恐れ入ります。しかしながらお聞きしたいことがあります。最近、赤字国債発行というニュースがありましたが、これは市中から国債と交換で紙幣を回収するわけですから金融引き締めなのでしょうか？　紙幣増刷はダメなのですか？」

間違って理解している方も多いと思うので、ここに回答を書いておきます。

回答は「政府の国債発行は金融引き締めではありません。政府のお財布（＝銀行）は日銀です。政府が国債を発行すると、日銀にある政府の口座残高が増えます。一方、同額、日銀当座預金（＝日銀にある民間金融機関の口座残高）が減ります。したがって日銀の負債（＝お金の発行量）は一定なのです。

なお、日銀が民間金融機関から国債を買うときは、日銀に資産サイドの国債残高が増え、負債サイドの日銀当座預金が増える（＝日銀の負債の増加）ので金融緩和です。

また、民間金融機関が融資を増やすと「日銀当座預金が減るので金融引き締めだ」と誤解する人がいますが、これも「日銀当座預金は減りも増えもしない」ので、金融引き締めではありません。融資銀行の日銀当座預金が減っても、融資を受けた企業が使っている銀行の日銀当座預金が同額増えるからです。

金融引き締めとなるのは、日銀が今と逆のオペレーションをする（＝保有国債を市中に売却する）か、保有国債が満期になったとき、同額を買い替えない（＝満期待ち）か、資金が海外に流れる（＝国民が外貨買いをする）ときしかありません。しかしながら前2つのケースでは国債価格が暴落してしまうでしょう。

第15章

Xデーに備え、資産をどう守るか

❶ドイツのハイパーインフレに学ぶ

『ハイパーインフレの悪夢』（新潮社刊）という本があります。アダム・ファーガソンというジャーナリストの書いた本です。

「第1次大戦中からすでに、ドイツは自国の銀行システムを通じて、極端な通貨の供給過剰を許すような財政政策をとっていた。それが、戦後、制御不能のインフレを招いた」「こうして戦費の粗雑な調達計画ができあがった。それは課税ではなく、借金で資金を得ようとする計画だった。政府の費用をまかなうのも、増え続ける私企業の融資需要に応じるのにも、紙幣の印刷機が打ち出の小槌のように使われた」「『戦時国債に投資しよう』という呼びかけは、あらゆる階層の愛国的な義務感を引き出そうとするものだった。戦時公債を発行するたびに、民間の富の多くが国の債券に換えられた。敵国ではそんなことは行われていなかった」

この結果起きたハイパーインフレの苦い経験から、ドイツでは「財政均衡」の意思が極めて強いのです。ラガルド欧州中央銀行総裁らが、ドイツにいくら財政出動を要請しても、聞く耳を持ちません。

ハイパーインフレが起きた結果、この本によると「中立国に資産を持っていた幸運な少数の者を除くと、不労所得階層は『見るに忍びない惨めさ』を呈していた。若くて元気な者は仕事を見つけられたが、老いた者は極貧に陥った。医師や弁護士などの専門階級は、ドイツやオーストリアの場合と同じように、患者やクライアントの減少に見舞われたが、ある程度、料金を調整できた。ただし、ベッドやおまるなど、最も基本的なモノさえなくなっている病院の設備不足に医師は悩まされた。固定給の専門職は『ほとんど文なし』だった。事務職は首都ではかつては重要な職業だったが、今や1万2000コロナから2万コロナの月給（年収12～19ポンドに相当）しか得られず、事務員の数は日に日に減っていった」「一番影響を被らなかったのは農村部の地主や農民たちだった。農民たちは食べ物のほとんどを自給でき、農産物の値段を小売店と同じように頻繁に引き上げていた」のだそうです。考えれば当然のことでしょうが、ここにはこれから我々がどうすべきかのヒントがあります。

❷2段階で考えるべき財産防衛策

資産防衛のお話をする前に、一つ強調しておきたいのは、残念ながらXデーが現実になったとしても、日本経済は復活できるということです。日本の財政と日銀は破綻しても、日本そのものがおしまいになるわけではありません。ハイパーインフレで円安になれば（＝円安でハイパーインフレになると言ったほうが正しいかもしれません）、マーケットメカニズムを通じて、経済はちゃんと回復します。政府や日銀の言うことを信じて現状を誤解、楽観視せず、きちんと準備しておけば、危機が来ても生き延びられます。その危機は必ず収束します。ですから、その危機の時間だけ生き延びる資産運用を考えてくださいと申し上げておきたいと思います。未来の日本は明るい。その明るい未来を迎えるために当面、資産を防衛しましょうという話なのです。

今まで述べてきたように、ここまで借金が膨らみ、日銀がメタボになるとハイパーインフレは不可避だと思います。今はデフレですが、インフレは些細《ささい》なことが契機で起こり、たちどころにハイパーインフレとなってしまいます。インフルエンザでいえば、今は潜伏期とでも表現できるでしょう。熱が出始めると、急速に上がります。そして明日にでも起こりうるという意味で、ハイパーインフレ対策は喫緊の課題だと思います。

ハイパーインフレになったあと、政府はハイパーインフレ鎮静策を考えると思いますが、それへの対策はその次です。その対策を考えるには、まだ多少の時間的余裕があります。なぜならハイパーインフレに充分なってからでないと、財政再建が終わらないからです。国民の富を国に充分に移してからハイパーインフレ鎮静策が始まると思うのです。政府が考えうる三つのハイパーインフレ鎮静策のうち、どの方法でハイパーインフレ退治に乗り出すかは、今のところはっきりしません。時の政府の考え方一つです。

しかし今、集中して考えるべきはハイパーインフレをどう乗り切るかです。それができていなければ、ハイパーインフレ鎮静時の対応は無駄になります。なぜならハイパーインフレになった時点で、守るべき財産をすべて失っているからです。

今は、ハイパーインフレ対策に集中しましょう。

❸ドル資産を持つとは、日本の危機に対して保険をかけること

これからお勧めするアクションは、「火事に対する保険と同じ」です。保険をかけてお

いて「火事が起こらなくて損した！」と怒る人はいないはずです。「保険料は損したけど火事が起こらなくてよかった」と思うのが普通の人です。火事の起こる確率が1％か2％なら火災保険をかけないのも、一つの見識でしょう。しかし火事が起こる確率が20～30％に上っていると思ったら、普通の人は火災保険をかけると思います。

ここまで日本の財政が悪化し、日銀がメタボになった以上、私は保険をかける時期に来ていると思います。私自身は火事（に相当するXデー）が起こる確率は20～30％どころではない、かなり高いと思っています。いつ起こるかの時間的な問題のみです。だとすると保険はかけておくべきだと思うのです。

その上、今ドル／円はかなり低いところにあると思っています。円が強すぎるということです。日本にXデーが来ても来なくても、今後米国経済と日本経済の差はますます拡大していくと思うので、いずれ円安が進行すると思います。

ということは、今は、強い円でドル資産を買う、ドル資産という保険を安く買えるということです。保険料が安いのですからドル資産（＝保険）は今、お買い得だと思います。

これだけ財政が悪く、日銀がメタボという異常事態なのですから、今は「資産を増やす」ときではなく、「守る」ときだとも思います。A社株がよいかB社株のほうがよいかなどと悩んでいるときでもないと思います。どういうポートフォーリオを組むか、またどういう金融商品を組み入れるかを考えるべき時期なのです。

2019年2月26日の日経新聞2面に、ジョージ・ソロス氏と一緒に「クォンタム・ファンド」を立ち上げた、ジム・ロジャーズ氏のインタビューが載っていました。

「副作用が強く、正気でない金融緩和に世界の中央銀行は手をつけるべきではなかった」

「日本株は7〜8年前まで保有していたが、昨年秋にすべて売った。株も通貨も日本関係の資産は何も持っていない。（中略）日銀が大量のお金を刷り続け、日本株や国債を買い支えているのも売りの原因だ」

A社株がよいかB社株がよいかという選択ではなく、ジム・ロジャーズ氏が「日本関係のモノはすべて売った」と言うように、どの国から撤退し、どの国の資産を積極的に買っていくか等の、「資産の枠組み」を真剣に考えるべきときだということです。

私がお勧めする第一は「ドル資産を持つこと」です。「ドル資産を持つ」とは「日本の危機に対する保険を買うこと」なのです。円資産しか保有していない方は、倒産しそうな会社に勤めている人が「全資産を、その会社の自社株とその会社の社内預金にしている」ようなものと思えてしまいます。

仮に「この本で書いたことが大はずれだった」とします。それは日本国民にとっても、私にとっても大変うれしいことです。私自身、Xデーに備えてはいますが、実際にXデーが到来すれば、（準備していない方に比べて損害が小さくて済むというだけで）少なからずダメージを被ります。一方、この本に書いたことが大はずれで、日本経済が順調な発展をとげ、世界の成長に追いつくとすれば、円は強くなる可能性大です。110円で買ったドルが、円高ドル安で為替で20円の損をするかもしれません。

しかし、いいではありませんか。日本経済が回復すれば給料も年金もきっと上がるでしょう。失業の恐れもありません。円預金も無効になることなく、高い金利をもらえます。持ち家があればその価格も上昇します。日本株も上がります。唯一、損をするとすれば、為替だけなのです。この為替の損こそが、火事に対する火災保険料です。

一方、万が一、この本で書いたことが当たってしまった場合、仕事は失うわ、年金はなくなるわ、円預金も無価値になるわ、日本株は暴落するわで、大変なことになります。

政府の援助に頼ろうにも、政府が一番、危ないのです。第1次世界大戦後のドイツの場合のように、餓死の危険さえあるかもしれません。

そんなときにドルさえ持っていれば、暴騰したドルを切り売りしていけば、何とかなるのです。まさにドル資産の保有は、保険を買うことと同じなのです。

❹ドル資産を持っていればダメージが少なくて済む

この章の冒頭に、『ハイパーインフレの悪夢』に書かれていた「中立国に資産を持っていた幸運な少数の者を除くと、不労所得階層は『見るに忍びない惨めさ』を呈していた」との記述を紹介しました。中立国に資産を持っていた人は幸運だったのです。

まさに、これなのです。ハイパーインフレとは通貨の価値が暴落することです。通貨とは、この国ではドルでもユーロでもありません。円です。円が暴落するということです。ならば、他の通貨に替えておくことです。

どのようなドル商品を買うか？　まずは国内の銀行や証券会社で米ドル預金や米ドルのMMF（マネーマーケット・ファンド）を購入するといいと思います。

預金封鎖の心配をする方もいるのですが、先ほど述べたように、それは次のステージ（＝ハイパーインフレの鎮静策）のときの課題です。

保険目的なら、まずは米ドルMMFか米ドル預金、そして、その他の米ドル資産にも分散するのがよろしいかと思います。

大多数の方は生命保険に入っていると思いますが、生命保険も米ドル建てがいいと思います。生命に対する保険と、Xデーに対する保険になるからです。ダブル保険です。

よく「どのくらいをドル資産で持つとよいか？」と聞かれますが、それは個々人の保有資産や収入、健康状態等によって違いますので、これといった一つの答えはありません。

普段「保険にどのくらいのお金を割くか」を基準に考え、最低限をその基準とすればいいと思います。

❺ドル預金とドルMMFの違いは何か

国内の銀行や証券会社で米ドル預金や米ドルMMFを購入したらいかがですか？　とお話しすると、「預金封鎖の心配」をされる方がいらっしゃいます。

しかし、それは先ほど申し上げたように、次のステージで考えるべきことです。

MMFは短期金融商品で運用する投資信託です。ドル預金とドルMMFには元本が保証されているか否かの差があります。もちろんドルでの話です。ドルで元本が保証されていても、円高ドル安が進むと、ドル預金でも円価では元本割れになる可能性があります。

ドルMMFは元本保証はありませんが、基本1年未満の国債、優良社債等で運用されていますから、元本割れは（絶対とは言いませんが）それほど心配する必要はありません。

大きな差は税金です。為替の益に対してMMFは20％の源泉分離ですが、ドル預金の為替益は総合課税になります。MMFは2015年までは非課税だったのですが、2016年からは20％の源泉分離課税になってしまいました。これが円安方向への為替の動きを止めてしまい、日本経済に極めて悪影響を及ぼしたと私は思います。

こんなことさえしなければ、景気は回復し、税収も上がったのにと思うと残念です。ただ、政治家で為替の重要性に気づいている人がいないので仕方ありません。

話を元に戻します。もしドル／円が1ドル100円から1ドル1000円へと暴落したとします。そのとき為替益900円に対し、ドルMMFは20％の源泉分離で180円が税金です。ドル預金は総合課税の雑所得です。総合課税の場合は、その他の収入を合算した税率が適用されます（ただし1カ所の会社から給料をもらっている会社員の場合、雑所得が20万円以下であれば申告不要）。したがってドルMMFにするかドル預金にするかは他の収入の多寡《たか》と、どの程度円の暴落を予想するか（大暴落だとそれだけでも収入が多くなり税率が上がる）によって異なります。それを基準にご判断ください。

コラム ドル預金の為替益が総合課税の雑所得なのは大問題

とはいえ、なぜドル預金をしている人が少ないのか？　「仮想通貨（暗号資産）の税制を変えるべきだ」と国会で主張しているとき、ハタと気がつきました。「仮想通貨の譲渡益は雑所得に分類される」と2018年11月に国税庁が通達を出して以来、仮想通貨市場は冷え込みました。損をしても損益通算ができず、翌年以降にも繰り越せず、儲かると最高55％の税がかかる。そんな税制では仮想通貨（暗号資産）に興味を失うのも当然だと思います。

なぜ譲渡所得ではないのか？　国税当局は「仮想通貨や外貨預金は、譲渡所得の起因となる資産には該当しない」と考えているからのようです。しかし、仮想通貨と外貨預金ともに「譲渡所得の起因となる資産である」との学説もあります。租税法の権威、金子宏先生の本にそうあります。「譲渡所得の起因となる資産の譲渡」なら譲渡益課税が筋。そういう学説もある以上、採用してもよいのではないかと思うのです。

雑所得とは、他の分類に当てはまらない所得のはず。そういう法律の立て付けなら「仮想通貨や外貨預金は譲渡所得の起因となる資産ではない」と国税当局自らが否認しなければならないはずだと思います。その際、金子先生の説を否定するのは大変でしょう。

学説的に認められているのなら、徴税の論理より、どちらの税制が国を勢いづけるかで判断すべきです。

外貨預金の為替差益が、今のような雑所得でなく、譲渡所得、特に株と同様の20％の分離課税の譲渡益だったとしたら、多くの国民が外貨預金をして円安が進行し、景気回復、消費者物価指数上昇につながったと思うのです。日銀が出口に苦しみ、異次元緩和の副作用におののくこともなかったはずです。税制とはかくも国の方向性を決めるのに、政治家はチマチマしたところのみを突っついています。真剣に考えるべき課題です。

❻世界最強通貨だからドルがいい

「ドル資産を買うのは保険だ」と申し上げました。保険を買うとき、皆さんはつぶれそうな保険会社の保険を買いますか？

保険や銀行は、信用第一。特に世の中が騒然としてきたときほど、「安心して託せる」

ところを選ぶことが必要です。では世界でどの国が、一番信用があるか？
経済、政治、軍事的に今一番強い国は米国です。そして第13章で見たように現在でも経済は当面、世界で一番強いと思います。さらにドルは世界の基軸通貨です。基軸通貨とは「刷れば、世界中の富が買える」という意味で最高の国益です。米国はドルの基軸通貨としての地位を守ろうとするはずです。他の国は景気が悪くなれば、通貨安で国際競争力を回復しようとします。しかし米国だけは違うのです。基軸通貨を持つ国だからです。

確かにトランプ大統領をはじめ、米国の政治家は「農産物や自動車の輸出のためのドル安」を主張しますが、多少は、それらの産業に従事している人たちへのリップサービスだと思います。基軸通貨という最大の国益を守るためにはドルは強くなければならないのです。そうしないと、他国がドル保有を嫌がります。弱い通貨では、基軸通貨の地位を失ってしまいます。それゆえ世界中でもっとも強い通貨である米ドルが保険として持つのに最適だと私は思っています。

❼なぜユーロは持たないほうがいいのか

では、ユーロを保険として持つのはどうでしょう？　モルガン銀行時代の私は、欧州の通貨や金融商品をそれなりに取引していました。しかし1999年にユーロが出現して以降、ユーロには全く手を出していません。発足当初からユーロの限界を指摘し、自らもユーロ取引に手を出すまいと決めたのです。ユーロに手を出さなくても儲ける機会がそこら中に転がっていたからです。もっとも私は評論家ではなく、ディーラーだったのですから、ユーロ・ブームのときにユーロ商品を買い、今ごろ売り出すのが正解で、何もしなかったのは褒められたものではありません。その点に関しては失敗だったと言えるでしょう。

ところでギリシャ人の友人が、「離婚は結婚より難しい」と言っていたのを思い出します。観光立国ギリシャの経済の立て直しには、「自国通貨を安くし、他の欧州国家から安くなったギリシャに旅行客が押し寄せてくれる」ことが必要です。

しかし、通貨ユーロを使っている限り、それができません。離脱したい理由の一つでしょう。でも「離脱は難しい」と嘆いているのです。

一方、英国は2019年12月の選挙で保守党が勝利し、2020年1月31日午後11時にEUを離脱しました。離脱後は自由貿易協定（FTA）など、EU諸国との将来関係の交渉に入ります。その意味で経済が混乱する可能性はまだ残りますが、おおむね、あまり困難に直面せずに離脱できるでしょう。それは、ユーロを使っていなかったからだと思います。

少し先の話だとは思いますが、ユーロの崩壊により、EUは崩壊すると私は思っています。英国は、その前に離脱するのですから賢明です。

ユーロには構造的問題があるのです。最近でこそ、多くの学者やマーケット参加者が、私の主張と同じような議論を始めました。そのおかげで、この件に関してだけは、私も「オオカミおじさん」と言われなくなりました（笑）。

ある地域で同一通貨を使っているのは、その地域が旧通貨を使用しながら為替の固定相場制を敷いているのと同じです。「1ドルをいつでも110円で交換できる固定相場制」と「日本と米国がドルと円を廃止してドルエ（仮称）という新しい通貨を流通させる」のとは、全く同じことなのです。便宜的に新しい紙幣ドルエを刷るか否かの差にすぎません。

その意味でユーロは地域固定相場制なのです。日米が固定相場制をとっていながら、日米の中央銀行が別々の金融政策をとっていたら、両国の国民は高い金利のドル預金ばかりして、円資金市場は消滅するでしょう。満期のときに為替で損するリスクがないのですから、高い金利の預金を選ぶに決まっています。

それを回避するためには日本銀行は経済状況と無関係に、円金利をドル金利と同じにしなくてはなりません。もし、米国が利上げをしたら、日銀はデフレだろうがなんだろうが、同時に円金利を上げなくてはならないのです。

抜本的解決策は、財政を一つにする、すなわち一つの国になるしかありません。しかしユーロ圏が、財政を一つにするか、一つの国になるのは無理だと思います。

そうなると、根本的解決策がないわけです。だからこそユーロは「壮大なる実験の失敗」との結末を迎えると思うのです。

ただ、だからといって通貨ユーロが無価値になるわけではありません。そうだとしたらユーロ圏の人たちは皆、大貧乏になってしまいます。ユーロは旧通貨に分解されるでしょう。しかし、どういう割合で分解されるのかはわかりません。

8割をドイツ・マルク、2割を他通貨に分解するなら私は今ユーロを買いますし、8割をギリシャ・ドラクマに交換されるのならば、私はユーロを今売り払います。分解の際の割合がかなり不透明なので、今後とも私はユーロに手を出したくないのです。

それが、私がユーロを保険の中心には、お勧めしない理由です。

コラム　円が永続しユーロが永続しない理由

もう30歳をはるかに超えた長男ケンタが、高校1年のときに聞いてきました。ユーロ導入直後のことです。「お父さんは、地域同一通貨はいつまでも永続しないと言うけれど、夕張と東京は円という地域同一通貨を使っていながら、円は永続しているではないか？　ユーロとどう違うの？」。答えは「夕張が危険な状態になると、東京の人の税金で助ける」から、です。一方、ドイツでは「勤勉な我々が納めた税金で、なぜ怠け者のギリシャを助けるのだ」と主張する人が多いと聞きます。勤勉なドイツ人は、彼らが納めた税金を（彼らの言うところの）怠惰なギリシャ人との格差是正に充てることには大反対なのです。

❽住宅ローンは固定金利で借りる

２０１９年12月19日の日経新聞「地銀の未来描けているか」（上杉素直《もとなお》日経コメンテーター）の中に「山陰地方はこれまで、全国の傾向が当てはまらなかった珍しい地域。山陰合同銀行を筆頭とする地元の金融機関が、金利固定タイプの商品を充実させてきたこともあり、今でもほとんどが固定金利で売られている」とあります。

個人的には、これはすばらしいと思います。以前、地銀月報に「ハイパーインフレの際、銀行自身が生き延びられるよう考えるとともに、顧客にもXデーに備える商品を揃えて提供するべきだ」と書いたことがあります。山陰合同銀行はそれを実行しているわけです。長期固定金利のローンはXデーが来たとき、借金している人を金利の暴騰から救います。万が一、ハイパーインフレになれば、山陰合同銀行は顧客から感謝されることでしょう。

長期固定金利で借りるのは、ハイパーインフレに対する保険の一つです。変動金利をいざ固定に切り替えようと思っても、そのときにはすでに長期金利は急騰しています。ハイパーインフレで金利が高騰し、元利金が払えなくなってしまったら最悪です。担保として入れていた不動産は没収され、銀行からの贈与に等しくなる借金の恩恵にも与《あず》かれません。

現在変動金利より少し高い金利部分は、ハイパーインフレというリスクに対する保険料と考えるべきです。なおハイパーインフレになれば借金は銀行からの贈与だというのは前に述べた個人タクシーの運転手さんの借金の話を思い出してください（第2章⑤参照）。

ちなみに世界中のプロのディーラーの中でこれから一番稼ぐ人は、世界的な金利上昇への転換期、特に日本の長期金利上昇への転換期を当てた人、円のクラッシュを当てた人だと思っています。ただ何度も書きますが、今は「儲けよう」のときではなく「失わないように守ろう」のときだと思っています。

⑨なぜ借金して不動産を買うだけではダメなのか

講演会で、インフレになるなら「固定金利で借金をして不動産を買うだけでいいではないか?」と質問されることがあります。確かに通常、インフレが予想されるときには「長期固定で借金して不動産を買う」のは強力な対策です。

しかし、今回経験するハイパーインフレは、今までのインフレに比べても最悪です。通貨危機が起きた1997年の韓国のような状況になると思っています。「あの国は終わった」「地獄を見た」と言われたのが、あのときの韓国です。株価も通貨も3分の1になりました。通貨が暴落したのでガソリン価格が暴騰、ガソリンが買えないので、高速道路から車が消えたと言われています。そして会社の倒産が続出した結果、失業者が町にあふれたのです。失業者が町にあふれると、私は借金して不動産を購入しているので、私の保有するワンルームに住む住人が職を失い、賃料が入ってこなくなる可能性があります。賃料が入らないと、銀行への私の元利金支払いが滞ってしまいます。

しかし、そのような事態のときは円が暴落（＝ドルが暴騰）しているはずです。110円で買ったドルを少しずつ切り売りしていれば、元利金を返せます。

ですから不動産関係の講演会では「今、不動産の銀行融資はかなりの割合まで出ると思いますが、自己資金はなるべくドル資産の購入に充てて保険とし、不動産購入資金はなるべく借金がいい」と説いています。もっとも、過度の借金は厳禁です。

韓国の通貨危機は大幅ウォン安のおかげで、2年で脱出することができました。来るべき日本のショックは、韓国よりももっと深刻なので、その経験からして、回復に4年くらいはかかるのではないかと思っています。

ただ、これは単なる感覚的な予想で、科学的根拠があるわけではありません。その苦しい期間を安い値で購入したドルでしのいでいけば、ハイパーインフレになったときに、不動産価格の急騰と借金の贈与化（＝実質的な負担の軽減）の恩恵に浴することができるのです。

ちなみに「少子化だから、不動産価格は将来値下がりする」と主張する論者がいます。

しかし、坪10万円の土地はタクシー初乗り1億円のハイパーインフレになったとき、少子化だからといって、坪5万円には下がりません。本来なら坪200億円になるところが少子化なので坪180億円にしかならない、にすぎないのです。

ハイパーインフレになるのなら、不動産は資産を守る手法の一つです。

かといってバブルのときのように、「全国津々浦々、値上がりする」というわけでもないでしょう。国の財政も地方の財政も苦しく、少子化が進んでいるのですから、人が住む地域を集約せざるを得ません。豪雪地帯でも融雪装置を津々浦々までとりつけることは不可能です。人を集めサービスを集中させる必要が出てきます。

ですから、人口集中地域が坪180億円に値上がりしても、人口過疎地は坪10億円にしかならないということになります。タクシー初乗り1億円時代の坪10億円です。

⑩海外不動産は面倒くささも考慮に入れる

海外不動産投資も、ハイパーインフレ対策の一つです。ただ英語がわからないとかなり大変です。私もいろいろ苦労しています。管理組合などからしょっちゅう来るメッセージは、もちろん英語です。内容も、ゴルフボールが飛んできてガラスが割れたから修理しろ、テレビが古くなったから新しいものに買い替えろ、仲介業者にホテルタックスの納税を依頼しているはずなのに未納だから払え（税務当局から）等々です。

一番参ったのは、仲介業者を管理組合が変更したら、「違法だから賠償金を多額に払え」という訴訟を変更前の仲介業者が、管理組合ではなく、個々の所有者に起こしてきたときです。

すべて管理組合に任せていたのに、裁判に巻き込まれました。日本では、不動産関係や税金を中心に何度も裁判を起こした経験がありますし、米銀に勤めていたので、裁判にかかわることに全く抵抗感はありません。

しかし、このときだけはさすがに参りました。どうしていいかわからなかったからです。ビジネススクール時代に友人になった米国人弁護士に相談し、何とか乗り切りましたが。

さらに小切手はしょっちゅう切らなければならないので、最小限の金融の知識も必要です。米国の銀行からは「マネーロンダリングではないか？　電話をくれ」などの要請も英語で来ます。

さらに歳をとってきて、だんだん不安になることは、うまく相続ができるか？　ということです。米国には登記という仕組みが

ないので、相続人を特定するのが大変だということを聞きます。それを自分ではなく被相続人がしなければなりません。死ぬ前に何とかせざるを得ないと思っています。簡単に死ぬわけにもいかないのです。

海外不動産への現物投資は、以上のような困難を考慮してお決めください。これらの困難を回避して海外不動産投資をしたい場合は、日本人スタッフがすべての面倒を見てくれる物件となるでしょう。もっとも私はそういう物件があるかどうかは知りませんし、あっても管理料が高いことが想像されます。

また2020年度から、海外不動産の損失は、国内不動産の利益と相殺されないことになるようです（詳しくは税理士にお聞きください）。新規購入の際には、そのへんもご注意ください。

こう考えてくると、ハイパーインフレ対策としての海外不動産投資をこれから考えるのなら、海外不動産REIT（不動産投資信託）がいいのではないかとも思います。

もっともハイパーインフレ鎮静策対策を考えるとき、海外不動産REITでOKなのかは、今の時点ではわかりません。ただ何度も述べてきたように、まずはハイパーインフレ対策です。対策を練っておかないとハイパーインフレになった時点で、守るべき財産がなくなってしまうからです。

⑪日本の不動産は購入したら「酒食らって寝ていろ」

Xデーが来れば日本売りですから、日本株も日本の不動産も一時的に大きく売られるでしょう。しかし不動産は大幅下落しても「酒食らって寝ていれば」ハイパーインフレ到来で、いずれ値が戻り、そのあとのインフレ加速に伴い、急上昇していくでしょう。

だからと言って、下落時に買おうと思っても、通常、逆張りなどできないものです。私もディーラー時代、「逆張りのフジマキ」と言われたこともありましたが、逆張りは、プロでなければ無理です。大多数の人間と逆のことをやるのですから、最初は損が膨らんでいきます。自分の分析によほどの自信がないとできません。

損が始まると「どこまで損が膨れ上がるのか」と不安になっていきます。負けた経験を何度もして「どのくらい負けるとどのくらい苦しいか」を、身をもって体験してからでないと、損が膨らんでいくときの苦しさに耐えきれるものではありません。

ですから地価が下がりつつあるときに、逆張りで買おうなどと思わないほうがいいと思うのです。寿命を縮めないためのに、です。また、Xデー到来直後は、融資の回収に躍起になっている銀行が、簡単に新規融資に応じてくれるとも思えません。

したがって不動産を買うのなら、Xデー前に買い、あとは「酒食らって寝ている」ことをお勧めしているのです。それができない方は不動産に手をつけるのはおやめになることです。もちろんドル資産をヘッジとして持つことをお忘れなく。

⑫株を買うのなら「こわごわ」と

株の購入も不動産同様、一般的にはインフレ対策と言われています。株の場合、不動産と同様の動きが「会社がつぶれなければ」起こります。Xデーで一時、大幅下落しても、そこからインフレ加速で大幅上昇すると思います。しかしつぶれてしまった企業の株は、紙っぺらのままで戻ってはくれないのです。Xデーのときにつぶれるか生き残るかの見極めが重要です。昔、絶対大丈夫だと思っていた日本航空や東電が、一度は実質的に破綻しました。大企業だから大丈夫、という単純なものではありません。

一般論で言えば、輸出産業の会社は生き延びるでしょう。また、輸入品と競合する製品を作っている会社も、円暴落で輸入品が高騰しますから、生き延びる可能性が高いと思います。もっとも、ぜいたく品は安くとも購入する人が激減するでしょうから、そのような品に専念している会社は難しいと思います。

一番のポイントは、経営者が、きちんと日本の財政状況を認識し、外貨建て資産を購入したり、借金を増やしたり、外資系企業を買収するなど、それなりの備えをしている企業であるかということです。生き延びた企業の株はハイパーインフレで急伸するでしょう。

いつも思うのは、日本人はどうして日本株ばかり買うのだろう？　ということです。私の著作をずっと読んでくださった方はおわかりだと思いますが、この20年間、私は一貫して「金持ちになりたかったら、強い国のリスク資産を買え」と主張してきました。その主張に賛同してくださった方は、かなり資産を増やされたと思います。

もっとも、私自身は「日本にXデーが来たら、さすがに米国株もかなりの下押しをするだろう」と思い、数年前に米国株から完全撤退してしまいました。米国株が急騰する前に売ってしまったので、資産を増やし損ないました。完璧な失敗です。海外不動産のほうは結果オーライですが、米国株のほうが、投入額が大きかっただけに残念至極です。ただ、ディーラーですから、頭の切り替えは早いです。そうでないと間違いなくノイローゼになります。ですから今は笑い話で済ませています。

１９８９年末に３万８９１５円をつけた日経平均株価は、約30年後の現在（２０２０年

1月30日現在）2万2978円で約6割の水準です。一方、当時2753ドルだったNYダウは現在2万8859ドルで10・5倍です。一方、為替は1989年末のドル／円は1ドル＝143・40円。2019年12月25日のドル／円は1ドル＝109・40円です。
私はこの30年間ドル高を予想していましたので、「フジマキの逆張りをすれば儲かる」とか「曲がり屋フジマキ」とかよく言われます。しかし為替で24％損しても、株が10・5倍になっていれば、日本円では8倍になります。日本株に投資して60％に目減りするより、為替リスクをとったほうが、よほどに成功だったと思っています。これを書いていたら、米国株を早く売りすぎたのが、やっぱり悔しくなってきました。悔し〜!!（苦笑）
米国経済は先に述べたように、市場が思っているより、よほど強いと私は思います。日本のバブルと同じ資産効果が働くからです。
私の感覚では、1985年から1990年まで続いた日本のバブル期でたとえれば、1988年頃なのかな？　と思っています。ただこれは感覚論であり、明日崩れるかもしれないし、崩れるのは5年後かもしれません。でも今はバブル期の佳境に入っていく雰囲気です。まだまだ上がる可能性は大ありですが、以上のことを頭に入れ、どうしても買いたいのなら、いつでも撤退できる準備をしながら「こわごわ買っていただければ」と思います。日本のバブル期のようにイケイケドンドンの気持ちだけですと、足をすくわれます。日本株も米国株につられて、また円安で、当面上昇することが充分考えられます。しかし日本株に関していえば、Xデーが来て日本売りの可能性があることに充分ご注意ください。また、非常に多くの人が「日本の景気はオリンピックまでは持つだろう」と言っていることも気がかりです。

2019年12月26日のブルームバーグの記事によると、日銀の黒田東彦総裁が、都内で開かれた経団連の会合で「東京五輪後の日本経済について『過度に悲観的になる必要はない』」と発言されたそうです。

ということは、現状では多くの人が悲観していると日銀も思っているのでしょう。もし、皆がそう思っているのなら、日本株は五輪前に崩れると思います。

投資家は五輪まで売却を待ちません。他人より半歩早く売ろうとするからです。

その対策に五輪後、異次元緩和の深掘りと、さらなる財政出動をするのなら、株価は当面維持されるでしょうが、膿はさらに溜まり、日本の将来は真っ暗となります。

ところで、株は経済の動きを反映します。これだけ経済の勢いに差があれば、普通は勢いのない国から勢いのある国に金が流れるので、かなりの円安ドル高が進むのですが、日本人は異常にホームバイアスが高いのでしょう、円安になるどころか円高が進みました。ホームバイアスの他に税制その他、いろいろな要因が考えられます。

今まで株の話をしてきましたが、繰り返します。今は「儲けよう」ではなく「どうやって資産を守るか」のときです。ハイパーインフレを予想している私が、ここで「株を買え」と積極的にお勧めしていないのは、そんな理由です。

Xデーが来れば、株の動きよりも、ハイパーインフレによる円暴落の衝撃度のほうがよほど大きいからです。だからこそドル資産ありき、なのです。その辺だけは充分、頭に入れておいていただきたいと思います。

日本のA社株が1000万円から10000万円、米国のB社株は変わらず1万ドルのままだとします。Xデーが来て1ドルが100円から1万円になれば、米国のB社株は100万円から1億円になるのです。

⑬金《きん》の保有も悪くはない

よく金の保有はどうか？　と聞かれます。分散投資の一つとしてはいいかと思います。

ただ正直、私は仕事でもプライベートでも金を購入したことがないので、えらそうなことは言えません。

モルガンの同僚が、金利が高いときに金を買い、値段がズルズル下がっていったのを見たのがトラウマになっているのかもしれません。ただ「食わず嫌い」はディーラーとしては失格です。上がろうが下がろうが、正しい分析さえすれば儲かるはずなのですから。

金の弱点は金利を生まないことですが、私が今、金に手を出さない最大の理由は、クオリティーオブライフの低下を抑えたいからです。金の現物を自宅に保管したら、火事と泥棒が怖くて外出ができません。それが嫌なのです。

「それでは預かり証書で保管すればいいではないか?」とおっしゃるかもしれませんが、預け先の会社が大変な目に遭ったときなど、万が一のことを考えてしまいます。

確かに金の預かり証書を発行するような会社には分別管理(顧客の金と自社の金は分別して管理しなければならない。一時的にでも顧客の金を流用してはいけない)が法律で定め

られているはずです。しかし、会社に存立の危機が来たときに、その会社が分別管理を守るか否かはわかりません。「一時的ならわからないだろう」と顧客の金に手を出し、それを失ってしまう会社があるかもしれません。そのとき、経営者を訴えて監獄に送ることはできても、金はとり戻せない可能性があるだろうと思います。

その意味で危機対策なら、できる限り現物保有がよろしいと思うのですが、自分としては、火事と泥棒が怖くて手が出ない、というところです。

ところで金の円価格は、国際価格要因50％と為替要因50％で決まります。

1トロイオンス1500ドル、1ドル100円のとき、金の円相場は15万円です。

1トロイオンス1500ドルのままでドル／円が200円になったとすると金の円相場は30万円になります。

また1ドルは100円のままで1トロイオンスの値段が3000ドルと2倍になれば、金の円価格はやはり30万円となるのです。

金の国際価格は2000年の1トロイオンス270ドルくらいから、2012年に約1800ドルにまで急騰しました。このときは金バブルと言われていました。それから下がり、現在は1トロイオンス1570ドル台（2020年1月30日現在)、2000年と比べると6倍近くです。もし国際価格が今後750ドルまで下がると、たとえ1ドルが200円になっても円ではチャラになってしまいます。国際金市場の価格は、日本のインフレ状況ではなく、世界のインフレ状況で決まります。景気を世界規模で総合的に見るのはなかなか難しいのです。それよりは、円安になったときに間違いなく円貨で資産が確保できるもののほうがいいのではないか、と思うのです。

もっとも円のように、価値がゼロになるモノよりは、よほどましです。

コラム　年金に頼らないのならドルを買え

老後を年金に頼るのは危険です。ハイパーインフレになると、給料や年金は毎月上がるかもしれませんが、パンの値段は毎時間上昇してしまうからです。そこで、この本では「ハイパーインフレの保険としてドルを買え」と書きました。

脱線になりますが、年金の持続性の観点からも「ドルを買っておいたほうがいい」と申し上げておきたいと思います。この年金の補完の観点からは、ドル建て生命保険も魅力的でしょう。

『国家は破綻する』（日経BP社刊）の著者ケネス・S・ロゴフ、ハーバード大学教授が2019年12月6日の論文で書いていることは、日本の年金問題の本質にかかわることだと思います。

「結局、ほとんどの社会保障は、政府が国民からお金を今、召し上げ、歳をとったときに金利を付けて返すと約束するという意味において『政府の負債のようなもの』だ」

ロゴフ教授が述べた「金利を付けて」というところが重要です。日本はこの40年間で、世界断トツのビリ成長。ウルトラ低成長でしたから長期金利は低く、株価も上がらなかったのは当然です。ですから金利（果実という意味で株の値上がり益や配当を含む）がほとんど付かなかったに等しいのです。充分な金利を基に制度設計されてきたのに、約束したような充分な金利が付かなければ、年金が持続不能になるのは道理です。日本より成長する国での運用（外貨運用）を行うことが不可欠だったのです。

これまでは年金はそれをしてきませんでした。公の機関ですから為替で損をすることを怖がったのでしょう。今後も充分な為替リスクをとるとは思えないのです。

ならば自分で為替リスクをとって、充分なリターンをとりにいかなければいけないと思います。日本人は為替リスクをほとんどとっていないのですから、多少なりともとるべきです。それはリスクをとるというより、保険をかけるという意味合いのほうが強いと思います。私は日本が大好きですが、指導者の政策ミスで国とともに轟沈《ごうちん》するのだけは嫌なのです。

⑭ 政府がやるべきこと

実は国がやるべきこともあります。それは「政府の保有する約1兆3000億ドルの外貨準備に、今は絶対に手を付けない」ということです。今は少しでも保有ドル資産を積み上げることが必要です。ハイパーインフレが起きれば、食糧、原油、医薬品など国民の最低限の生活を確保する物品の輸入が困難となります。紙切れのような価値しかなくなった円では、外国人はモノやドルを売ってくれないからです。そういう非常時こそ、外貨準備の約1兆3000億ドルで、緊急輸入をするのです。

その前に、円安防止などと称して、円買いドル売りの為替介入で、外貨準備を浪費してはいけません。特に急速に円安が進むとCPIが2％に達し、景気がよくなります。そうなると前に書いたように（逆説的ですが）Xデーが近づいてしまいますので、政府はドル売り介入をしたい願望を持つことでしょう。

しかし、そこまで行くと、為替介入などでは為替を反転させることなど無理です。それなのに、ドルを浪費してしまうと、非常時に国民を守ることができません。

外貨準備は政府の勘定です。この他に日銀も外貨を保有すべきです。

先に書いたように、「異次元緩和をどうしても続けたいのなら、米国債を買うべき」です。それによって日銀保有の「ドル建て資産」を増やしておくことも急務なのです。

第16章 ハイパーインフレを鎮める方法はあるのか

❶三つあるハイパーインフレ鎮静策

ハイパーインフレという大増税で財政再建をなしたあと、政府はハイパーインフレの鎮静策を考えるはずです。ハイパーインフレで国民が地獄を見ているのですから、さすがに政府も抑えにかかるはずです。そのままでは国がもちません。

ハイパーインフレの鎮静策は、歴史的に見て三つほど考えられます。

一つは、ベネズエラのように、ドルの法定通貨化です。二つ目が預金封鎖/新券発行、三つ目が旧中央銀行を廃し、新しい中央銀行を創設する方法です。

ギョッとされるかもしれませんが、太平洋戦争後のハイパーインフレで日本が採用したのが第二の方法、ドイツが採用したのが第三の方法です。

❷ドルの法定通貨化

2019年の12月17日の日経新聞に現在のベネズエラの状態が書いてあります。ベネズエラ国民は自国通貨ボリバルソベラノ（Bs）を受けとったあと、競うように闇市場でドルに替え、必要に応じてBsに再び替えているそうです。Bsの価値がどんどん下がってしまうので、お金を使う必要のないときは価値の安定しているドルでお金を保有しているのです。そして、必要なときにドルを売り、安くなったBsを買い戻して日用品を買っていたわけです。

しかしマドゥロ大統領は11月に入り、ついに経済のドル化を容認する方針を表明したのです。ベネズエラ国内ではBsの値札を外し、ドル価格のみを表示する商店が目立つようになり、飲食店もドルを受け入れる店が増えているそうです。価値の安定しているドル経済になればハイパーインフレは収まっていくでしょう。

しかし日本がハイパーインフレに襲われても、この方策を日本政府がとるかは大いに疑問です。国の威信にかかわるからです。流通に充分なだけのドルが日本国内には存在しないことも、採用しないと見る理由です。

❸預金封鎖／新券発行

二つ目は預金を自由に引き出せなくする預金封鎖と新券発行という手法です。昭和21年にハイパーインフレを抑えるために、日本政府が導入しました。このときは、新券発行が間に合わず、当初は旧券にシールを貼って対応したのです。ただ国が密かに新券やシールを用意しようとしても、ばれたらパニックになって翌日、とりつけ騒ぎが起きてしまうでしょう。すわ、預金封鎖だと、人々は争って預金を引き出したり海外に送金したり、貴金属に換えたりすると思うのです。

この情報化社会、新券やシールを刷り始めても、すぐにばれてしまいます。どうやって国は準備をするのかな？　と思っていたら、2024年度から1万円札のデザインを福沢諭吉から渋沢栄一に切り替えるというニュースが飛び込んできました。「これか～、さすが国は頭がいいな」と思いました。詳細は第3章で述べたとおりです。

❹日銀を廃し、新しい中央銀行創設

三つ目の可能性は、日銀を実質的に破綻させる手法です。もちろん中央銀行は社会に不可欠なインフラですから、新しい中央銀行を創設し、その新中央銀行の下で新しい紙幣を発行するのです。現在流通している円（日銀券）はつぶれた日銀が発行していたものですから無効です。

大震災のあと、東電を新しい東電と、事故処理用の古い東電に分けたのと同じ考えでしょうか？　残務整理は必要でしょうから、残務整理用に通貨発行権のない組織は残し、新しい紙幣を発行する新しい中央銀行を創設するのです。

現在、印刷中の渋沢栄一1万円札には「日本銀行券」と書いてあるはずですが、その部分だけ「新日本銀行券」と変えれば、新中央銀行発行の新銀行券に変わります。ならばこの手法を採用する準備もできつつあるのです。

これはドイツで行った手法です。第2次世界大戦後に中央銀行のドイツ帝国銀行（ライヒスバンク）は廃され、ライヒス・マルクは使えなくなりました。そして新しい中央銀行であるドイツ連邦銀行（ブンデスバンク）が設立され、その発行するドイツ・マルクが使われるようになったのです。この方法によって、価値が大幅に目減りしていた旧紙幣（ライヒス・マルク）の代わりに価値の安定した紙幣（ドイツ・マルク）を流通させ、ハイパーインフレを鎮静化させたのです。ドイツ・マルクはドイツがＥＵに参加し、ドイツ国内で流通する通貨がユーロに替わるまで使用されていました。

ちなみに先日、あるパーティーで日銀の重鎮ＯＢ（私よりかなり歳上）が私に「フジマキ君、日銀どうなると思う。私は長い時間かけて倒産させざるを得ないと思うんだが」とおっしゃったので、私は「今の財務内容を見ていると、長い間なんて持ちませんよ。近々倒産です」と答えておきました。

❺「預金封鎖／新券発行」と「新しい中央銀行創設」の比較

ハイパーインフレの鎮静化の際、どの方法が選択されるかは、まだわかりません。時の政府の考え方一つでしょう。ただ、「日銀を廃し新中央銀行を創設させる」案が、一番可能性が高いのではないかと思っています。私ならそうします。

前回、日本で預金封鎖／新券発行を行ったのは昭和21年です。戦後でしたが、まだ明治憲法下でした。明治憲法下でも私有財産権はあることはありましたが、今の憲法と比べれば、明治憲法下ではかなり無茶苦茶なことができたと思うのです。

しかし現在の憲法の下では、個人の権利がかなり強く守られています。したがって旧憲法下で預金封鎖／新券発行ができたから、現憲法下でもできるかというと、かなり疑問です。預金封鎖／新券発行は、明確に守られているはずの私有財産権の侵害だと思うからです。世の中が落ち着いたあと、憲法違反だと騒がれ、後始末に奔走することにもなりかねません。

一方、日銀倒産の場合はどうでしょう？　発行銀行券や日銀当座預金は、何度も述べてきたように、日銀の負債です。日銀当座預金は民間金融機関が日銀に預けているのですから、日銀にとっては負債であることがおわかりでしょう。

また、発行銀行券に関しては金本位制を考えていただければ理解が早いかもしれません。紙幣を銀行に持参すれば金に換えてくれる。すなわち日銀が発行している約束手形のようなものです。そう考えると簿記の知識のない方でも負債だとご理解いただけるのではないでしょうか？

日銀が破綻するとは、その負債も、もう返してもらえないということです。

つぶれた山一證券に株購入用のお金を預けていたとします。皆さんの資産かもしれませ

んが、山一證券にとっては負債です。倒産した以上きっと返済されません。そのとき、皆さんは「私有財産権の侵害だ」とのクレームをつけるでしょうか？　倒産による債務返済の不履行は「私有財産権の侵害」とはさすがに、今の憲法下でも言えないと思うのです。

ハイパーインフレのとき、日銀の保有している莫大な量の日本国債は巨大な評価損を抱えます。倒産状態です。

「預金封鎖／新券発行」では日銀を純債務の状態に戻すのはかなり難しいし、憲法の私有財産権の観点からしても難しい。一方、そういう状態であれば、日銀を倒産させるのはたやすい。ならば「日銀を廃し新中央銀行を創設する」方法のほうが簡単で、可能性が高いのではないかと思うのです。

この場合、新中央銀行が渋沢栄一１万円札を残務整理のために残る日銀整理機構に資本投入し、福沢諭吉1万円札を国民が日銀整理機構に持ち込む。

福沢諭吉1万円札１００枚と渋沢栄一１万円札1枚を交換するのです。こうして新しい紙幣が国内で流通するようになると思うのです。

政府はXデー後に何をすべきか

❶各シナリオへの対策はハイパーインフレ対策のあとの話

ハイパーインフレ鎮静策として考えられる三つのうち、私は「日銀倒産／新しい中央銀行創設」の可能性が一番高いとは思いますが、まだわかりません。時の政府の考え方一つです。ただ前述したように、これからお話しすることはハイパーインフレになってからの話です。

まずはハイパーインフレそのものの対策をしておかないと、その時点ですでに守るべき財産を失ってしまいます。また、ハイパーインフレ鎮静策への対処を考えるにはまだ時間があります。事態の進行を見ながら、じっくりと考えていきましょう。私は碁打ちでも将棋指しでもありません。先の先まで読んでいると頭がおかしくなってしまいます。その意味で、ここからはまだ頭の体操の段階です。

❷預金封鎖／新券発行への対策

ハイパーインフレ対策として、国内の銀行、証券会社でのドル資産購入をお勧めしましたが、政府が「預金封鎖／新券発行」を考えてくるなら、次の対策を考えねばなりません。ドル資産であろうが、封鎖の対象になってしまう可能性があるからです。

最善は、資産の物理的な海外への移動ですが、これは大変難しい。海外の銀行に口座を開くのは大変です。海外の銀行は日本の銀行に比し、マネーロンダリングにかなり厳しいのでいろいろな調査（しかも英語）があり、なかなか口座を開くことができません。英語ができ、それなりの金融知識がある方でないと難しいでしょう。

なお、英語ができ、それなりの金融知識がある方でも、いつ海外口座を開くかを判断するには税金の問題を考慮しなければなりません。こういう方は所得も高いでしょうから、税金の問題は重要です。前にドルＭＭＦは為替の益に対して、20％の源泉分離課税なのに対し、外貨預金は総合課税だという話をしました。海外では、どの商品の為替益でも総合課税となるのです。源泉分離課税が適用されるのは、国が管理している口座に対してのみで、優遇措置なのです。円が暴落して１ドル１００円から１０００円になったとき、９０

0円の為替益には、所得が高ければ50％もしくは55％の税金がかかります。

所得の高い方はハイパーインフレで円が暴落している段階では、国内の銀行や証券会社を使って20％の税金に抑え、それから資金の海外避難を考えるのがベストです。

なお、「国内の銀行や証券会社」と書きましたが、外国銀行／証券会社の日本支店・日本法人は、日本の法律、行政指導に縛られます。国内銀行・国内証券と変わりはありません。

大部分の国民にとって海外に口座を開き、物理的に資金を海外に移すのは難しいとなれば、考えうる方法は「仮想通貨（暗号資産）」しかないように思えます。本当は、こんな状況に追い込むような経済政策をとる政権を選ばないのが最高の防衛策なのですが、選挙の結果ですから仕方がありません。

キプロスをはじめ、危機に陥った国で、人々は仮想通貨に駆け込みました。

キプロス危機の際には、資本規制（海外送金禁止）を感じとったキプロスの富裕層やキプロスをタックスへイブンとしていたロシア人が、競って仮想通貨の購入に走りました。

唯一、海外に資金を逃す手法だったからです。

中国でもマイナー（採掘者）から仮想通貨を買った人が海外に仮想通貨を送り、そのお金で不動産を購入しているとの話も聞きます。資本規制には仮想通貨で対応している人が多いのです。

その意味で、今、仮想通貨の口座だけは開くようにお勧めしています。仮想通貨口座の開設には、今でも1〜2週間かかるようです。いざというときには、口座開設が殺到すると思います。何カ月も口座開設を待たされるようでは、すべてが終わってしまいます。

口座を開き終わったら、1000円でも1万円でもいいので、2〜3回は購入練習をしておくといいでしょう。練習していないと、いざというとき、早急な対応ができません。

仮想通貨を「まがいモノ」と非難するのは勝手ですが、1〜2回やってからにしておいたほうが、ご自身のためだと思います。

❸「日銀を廃し、新中央銀行を作る」ときの対策

時の政府が「日銀を廃し、新中央銀行を作る」と決断したときは、ハイパーインフレ対策をそのまま継続していればいいのではないかと思います。日銀がつぶされると、日銀の負債である円の価値はゼロになるでしょう。もっとも、先に書いたように、(発券機能のない)事後処理機関の日銀整理機構が新銀行券を資本金として受けとり、(たとえば)旧

日銀券100枚と、新銀行券1枚とを交換するという多少の救済措置はとられると思います。そうしないと、国民が飢え死にしてしまうからです。

この政策がとられた場合、旧円の価値は無になっても、ドル資産は大丈夫です。ドルはFRBの負債であり、日銀の負債ではないからです。

私は、異次元緩和という「禁じ手」に手を染めてしまった日銀には出口がないので、その信用とその発行する通貨の信認回復のために、つぶさざるを得ないと思っていますが、メガバンクをはじめ優良銀行、優良証券会社は生き残ると思っています。今、どんどん日本国債を日銀に売り渡して、国債保有額がかなり少なくなっているからです。その意味で、リスクを日銀に移行済みなのです。

また、中央銀行同様、銀行も社会に不可欠なインフラですから、時の政府も優良銀行は生き延びさせるでしょう。しかしながら、すべての民間金融機関が生き残れるわけではありません。信用力の高い機関とのお付き合いが重要です。国債をいまだに多く保有している金融機関は楽観視してはいけないと思います。

この場合、先に述べた準備をしていた方は、仮想通貨に逃げる必要はないかもしれません。しかし、日本の危機を知った世界中の投資家は「日本（円、日本国債、日本株）売り」と同時に、「日本人は仮想通貨に逃げるだろう」と推測して、「仮想通貨を買い上げる」と思います。それゆえに仮想通貨はそのときに持っていて悪いものではありません。

以上、この段階では、まだ頭の体操にすぎない点だけは繰り返しておきたいと思います。

❹資産課税はあるのか

これも時の政府の考え方一つでしょうが、私ならやりません。事務が大変だし、一歩間違えると、とんでもない混乱が起きるからです。「新券発行」と「新中央銀行の創設」は不可欠ですし、それによる混乱だけでも大変なのに、輪をかけた混乱を時の政府がやろうとは思わないはずだからです。そもそもハイパーインフレで国民の富を吸い上げますから、それ以上の増税は必要ありません。

銀行預金ならいざ知らず、不動産に課税するとなると、その評価法が大変です。相続税のときの土地評価でさえ、形状やら計画道路下やら貸地やらで、いろいろな問題が起こります。直後に所有者が亡くなったら相続税をどうするかなどの問題もあるのに、それを全国レベルで行ったら大変です。それに不動産に税金がかかると、どこからその税金を生み出すのかという問題が起こります。現金を持っていない人は、不動産を売らないと納税資金が用意できません。田んぼを持っている人は田んぼの一部を売らなくてはなりませんし、自宅を持っている人は自宅を売らねばなりません。

売り手ばかり増えると買い手は現れず、現金化は不可能になりますし、地価は途方もなく下落していきます。そうなると、先に決めた納税のための不動産の評価替えもしなくてはならなくなります。ハイパーインフレで現金預金への課税もしたのに、さらに必要かは疑問です。ハイパーインフレ鎮静策として「新券発行」と「新中央銀行の創設」を充分行ったのに、さらなる措置をとれば、景気を逆に冷え込ませ、再起不能にしてしまうことになりかねません。

そう考えると資産課税は実務上難しい上に、景気の先行きを考えると危険です。経済のことがわかっている人が日本経済再建チームに入れば、資産課税はないと思うのです。

❺政府の「Xデー対策準備」の兆候とは

政府がXデー対策を準備しているのではないか？　と臆測《おくそく》されてもおかしくない事象が散見されます。もっともこれはXデーが近いと私が思い込んでいるからで、思い過ごしの可能性大です。そのつもりでお読みください。

何度か触れましたが、渋沢栄一1万円札を5年も前から刷り始めることもその準備と考えられなくもありません。

またハイパーインフレ退治を考えねばならなくなったとき、まずは資本規制（海外送金の禁止）が考えられます。円のさらなる下落（＝ハイパーインフレの深刻化）を防ぐためです。その資本規制の布石を打っているようにも思えてならない事象もあります。

仮想通貨（暗号資産）の普及に極めて消極的な態度が一つです。厳しい資本規制をしている中国が、仮想通貨取引所を禁止したのと同じメンタリティーです。

２０１７年秋に国税通達により仮想通貨の譲渡益が雑所得に分類され、最高税率55％（地方税を含む）の総合課税になりました。納税義務者にとっては一番酷な税区分です。「譲渡所得である」という有力な学説もある中、国税当局は頑なに雑所得という判断を変えません。これでは仮想通貨は発展するわけはありません。見方によっては資本規制逃れの商品の魅力を減じようとしているとも考えられます。

２０１５年、外貨建てＭＭＦの為替益が、非課税から20％の源泉課税になりました。これも円売りを防ぐ手段として考えられたのかもしれません。ただ当時はまだＣＰＩ２％達成のために円売りが望ましいと考えていたお役人も多かったでしょうから、この見方はうがちすぎなのかもしれません。

国外転出時課税が数年前に制定されました。国外転出時課税とは「5年以内に帰国すれば無しとなるものの、有価証券等の資産を1億円以上持っている人が国外に転出する際に、その資産を売却したとみなして所得税を課す」という制度です。「個人には実現益にのみ課税する」という従来の課税の大原則とは正反対の課税をなぜ採用するのか疑問に思い、参議院で疑問を呈しました。そもそも対象になる人が少ない、徴収金額も少ないのに、「実現益のみに課税」という個人課税の大原則に反する法律をなぜ作る必要があったのか？と聞いたのです。私は、そのとき、資本規制の準備ではないかと思ったのです。

さらには2020年度の税制改正大綱で「富裕層への課税を強化するため、海外への不動産投資で出た赤字と、国内での所得との損益通算を認めなくする」方針が2019年12月に発表になりました。これも海外投資の魅力を減じ、さらなる円の海外逃避を防ぐ手段と読めなくもないと思います。

ここまで述べた分析は、私自身も少しうがちすぎではないかと正直、思っています。しかし、「そうではない」と全否定もできません。そのくらいの感覚であることはご承知ください。あまりに財政が悪いときは、裏の意図のない税制改革でも、そのような疑惑を招いてしまうということかもしれません。

雑談ですが、右にあげた税制改革は「富裕層への課税強化」を謳《うた》っています。ひょっとすると「資本規制の強化」というより、こちらの目的のほうが強いのかもしれません。しかし、それはそれで、また大きな問題です。

三十数年間、私が主張していたことは「穏やかな円安政策」。「国民が海外投資を行えば円安ドル高が進み、デフレ脱却、景気大回復」でした。これが国のパイを大きくする方法だと思っていました。「富裕層への課税を強化」という「パイの切り分け」にばかり重点を置き、パイを小さくする政策（＝円安防止）をとるのですから、日本は経済三流国、四流国へと落ちてしまいます。国民全員が「平等に貧乏な国」へまっしぐらです。

日本での格差拡大は「他国と違い、富裕層への富の集中ではありません。中所得層の低所得層への没落だ」というのは、学者先生方の共通認識です。したがって日本がとるべき政策は、富裕層を引きずり降ろすことではなく、パイを大きくして低所得層を引きあげる政策のはずなのです。

おわりに～私のポートフォーリオの復習

私は「長期固定金利で借金をして、不動産を購入している。金融資産はドルを中心とした外貨資産だ。仮想通貨にも手を出している」と述べました。

ここまでお読みいただければ、なぜ私がこのようなポートフォーリオを組んでいるか理解されたと思います。ハイパーインフレにならざるを得ないと思っているからです。

繰り返しになりますが、ここまで借金が膨らんで尋常な増税手段では財政再建ができないとすれば、ハイパーインフレという国民の反対できない大増税でしか借金返済の方法はありません。そのような「べき論」からだけでなく、日銀がすでに「異次元緩和」という「ハイパーインフレ発生政策」を開始しているのです。

借金を固定金利で借りているのも、ハイパーインフレで金利がどこかの段階で跳ね上がると思っているからです。また日銀の財務内容を見ていると、債務超過で円が暴落してもおかしくないと思うので、ドルを中心とした外貨資産を買っているのです。

仮想通貨は、資本規制対策用です。これらはすべて、ここまで財政が悪化し、その「飛ばし」のせいで日銀がメタボになった（＝お金をばらまきすぎた）のを見た上でのXデー到来に備えた保険なのです。これからの数年間は、「富者と貧者」の下克上が起こると思っています。資産家がいっぺんに財産を失い、賢く立ちまわった貧者が金持ちになる。現状をきちんと認識し、将来の青写真を思い浮かべられる人が勝つのです。

読者の皆様が、この本を参考に、日本の財政と日銀の脆弱性を理解し、家族と皆様自身のために、Xデーへの備えができたらうれしく思います。そして将来、「この本を読んだおかげで危機を乗り越えることができた」とおっしゃっていただけたら望外の喜びです。

なお、この本の挿絵は私の妹・岡久美子に描いてもらいました。

装丁／256（萩原弦一郎）
カバー写真／山口貴弘
イラスト／岡久美子
DTP／美創

藤巻健史

ふじまきたけし

1950年東京生まれ。一橋大学商学部を卒業後、三井信託銀行に入行。80年に行費留学にてMBAを取得(米ノースウエスタン大学大学院・ケロッグスクール)。85年米モルガン銀行(現、JPモルガン・チェース銀行)入行。東京屈指のディーラーとしての実績を買われ、当時としては東京市場唯一の外銀日本人支店長兼在日代表に抜擢される。同行会長から「伝説のディーラー」のタイトルを贈られる。2000年に同行退行後は、世界的投資家ジョージ・ソロス氏のアドバイザーなどを務めた。1999年より2012年まで一橋大学経済学部で、02年より09年まで早稲田大学大学院商学研究科で非常勤講師として毎年秋学期に週1回半年間の講座を受け持つ。日本金融学会所属。現在(株)フジマキ・ジャパン代表取締役。東洋学園大学理事。2013年から19年までは参議院議員を務めた。

ホームページ　https://www.fujimaki-japan.com
ツイッター　@fujimaki_takesi

日本・破綻寸前
自分のお金はこうして守れ！

2020年3月20日　第1刷発行
2020年3月25日　第2刷発行

著　者　藤巻健史
発行人　見城 徹
編集人　福島広司
編集者　四本恭子

GENTOSHA

発行所　株式会社 幻冬舎
〒151-0051　東京都渋谷区千駄ヶ谷4-9-7

電話　03(5411)6211(編集)
03(5411)6222(営業)
振替　00120-8-767643
印刷・製本所　中央精版印刷株式会社

検印廃止

ISBN978-4-344-03588-1　C0095
幻冬舎ホームページアドレス　https://www.gentosha.co.jp/

この本に関するご意見・ご感想をメールでお寄せいただく場合は、
comment@gentosha.co.jpまで。